1日1分レッスン！新TOEIC®Test
英単語、これだけ セカンド・ステージ

中村澄子

祥伝社黄金文庫

編集協力　霜村和久
　　　　　草文社
本文デザイン　内藤裕之

まえがき

『1日1分レッスン！ TOEIC Test』シリーズの単語本として、2006年9月に『1日1分レッスン！ TOEIC Test 英単語、これだけ』を刊行いたしました。

TOEICによく出る単語だけを集め、どのような形でどのパートに出題されるかという解説を加えた本ですが、掲載単語数が330語と少なかったこともあり、編集者とは「3万部売れたら打ち止めにしましょう」という話もあったほどです。しかしながら、予想に反して好評のようで、すでに何度も重版しております。

TOEICで点数を出さなければならない忙しいビジネスマンやビジネスウーマンの、「本当に出る単語だけをまず覚えたい」というニーズにあったのだと思います。

通常の単語本の場合、数千語、多い場合は数万語という、気が遠くなるような語数の単語が掲載されており、TOEICの点数アップのためにしなければならない勉強がほかに山のようにある人にとっては、「出る単語だけ330語」ということがよかったようです。

私が主宰しているTOEICの教室でも、
「単語は何を覚えればいいのですか？」
という質問をよく受けますが、
「私の単語本に掲載の単語と、新公式問題集3冊に出てくる単語を覚えれば、800点までにはどうにかなりますよ」
と答えています。実際、800点越えの人たちは、それで十分に間に合っているようです。

最近のTOEICは、ビジネス寄りの内容にシフトしていま

す。ですから、数千語掲載されている単語本に掲載されていないのに、私の単語本には掲載されている、という単語もあり、ビジネス寄りの単語に弱い人も重宝しているようです。

「2冊目の単語本を」という声は以前から読者の方からいただいていましたが、今回、ようやく出版の運びとなりました。

本書は1冊目の単語本である『1日1分レッスン！TOEIC Test　英単語、これだけ』の次に覚えるべき単語360語を、パート別に掲載しています。

単語は、1冊目に比べると少し難しいものも入っていますが、レベルで言えば「中級」くらいの単語が多いです。前書同様、ビジネス関連の単語でTOEICに使われそうなものも入れています。

前書と同じく、選択式にしました。誤答の選択肢の単語も、他の箇所では正答の選択肢として登場する単語だったり、時々出る単語だったりしますので、誤答の選択肢でも勉強できるように工夫をこらしています。逆に、正答の単語が別の単語の誤答として出ることもあります。こうして何度も目にすることになるため、頭に入りやすくなります。

出題単語数は360ですが、誤答も加えると、ほぼ倍の700語くらいの効果はあると思います。

前回の『1日1分レッスン！TOEIC Test　英単語、これだけ』は、『新テスト』や『千本ノック』などの緑本同様、音声サービスをつけました。音声がついていることで、単語教材としてだけでなくリスニング教材としても使ってくださ

っているビジネスマンも多く、今回も音声をつけました。

　録音はこれまでと同じく、私の恩師であり『すらすら／らくらく／わくわく／うきうき英文速読術』など多くの著作で有名な佐川ケネス先生にお願いしました。

　なお、音声サービスはこれまで、祥伝社のサイトからダウンロードできるようになっていましたが、今回からは音声専門の会社にお願いしたそうです。音声ダウンロードの際にPC環境の違いなどでさまざまな問題が生じ、出版社の手には負えない部分があるためです。詳細は、最終ページをご覧ください。

　2008年10月には、私が監修したDSソフトが発売されました。そこに、「1000単語」という単語練習が含まれています。本書で使用の360語は、その1000単語からの抜粋となります。DSソフトをお持ちの方は、DSソフトと本書を合わせてお使いください。

　前作『英単語、これだけ』同様、本書も皆様のお役に立つものと信じております。よろしくお願いいたします。

2008年11月
中村澄子

Contents

まえがき ・・・・・・・・・・・・・・・・・・・・・・・・・・・・・・・003

読者の声、ご紹介します ・・・・・・・・・・・・・・・・・・・008

この本の使い方 ・・・・・・・・・・・・・・・・・・・・・・・・・010

1章 パート1によく出る単語・熟語 ・・・・・011

自作解説 1日1分レッスン！TOEIC Testシリーズ ・・・・035

2章 パート2・3によく出る単語・熟語 ・・・・037

自作解説 TOEIC TEST リーディングの鉄則 ・・・・129

1日1分レッスン! TOEIC® Test 英単語、これだけ セカンド・ステージ

3章 パート4によく出る単語・熟語 ・・・・・131

自作解説 新TOEICテスト 1週間でやりとげるリスニング ・・・・195

4章 パート5・6によく出る単語・熟語 ・・・・197

自作解説 できる人のTOEIC テスト勉強法 ・・・・313

5章 パート7によく出る単語・熟語 ・・・・・・315

自作解説 新TOEICテスト1日1分DSレッスン ・・・・391

あとがき オフィスS&Yの今と今後 ・・・・・・・・・394

索引 ・・・・・・・・・・・・・・・・・・・・・・・396

読者の声、ご紹介します

　前作『1日1分レッスン！TOEIC Test 英単語、これだけ』は、TOEICのカリスマ講師、中村澄子先生の初めての単語本ということで話題を集めました。

　時間のない受験生のために、本当によく出る英単語だけを厳選した点が、特に高い評価をいただいたようです。

　前作を読み、点数が大幅アップした人たちの声を集めました。英語学習のヒントにしていただけますと幸いです。

黄金文庫編集部

● 900点オーバーの原動力

　最小にして最強の単語集です。文章の中での使われ方、派生語、TOEICでの狙われやすいポイントなどを押さえた的確な解説で、私の900点オーバーの原動力になったと言っても過言ではありません。試験中何度も、「中村先生の単語集でやった問題だ！」とにやにやしていたと思います。

（Iさん・20代女性・電気機器メーカー）

●時間のない受験生にとって、救世主のような1冊

　TOEICに本当に出る単語ばかり集めた、非常に素晴らしい本です。他にもいろいろな単語本が発売されていますが、掲載数が非常に多くて、効率よく学習することはできません。TOEIC対策の単語本はこれだけです。これだけで860点を突破できました。（Yさん・20代男性・外資系製薬会社）

●結果をすぐに出したい人のための単語本

　TOEICに必要な単語が的確に選んであると思います。他のTOEIC本だと、英語マニアが作成したような単語まで網羅されていて、結果を求めている自分には不向きと思いました。本書の例文はビジネス関連なので、文中の知らない単語

や言い回しまでチェックしていけば、ずいぶん沢山の単語を覚えられます。　　　（Nさん・30代女性・電機メーカー勤務）
●**私はなぜ２冊買ったのか？**

　私は２冊購入いたしました。１冊はバラバラにし常に通勤時に５枚程度所持し、空き時間にゲーム感覚で単語を覚えました。類似単語の選択に非常に役立ちました。なぜか間違える単語はいつも同じことにも気づきました。

（Sさん・50代男性・銀行系カード会社勤務）
●**もっと早く出会えていたら…**

　TOEICに出る単語が本当にまとめられていると感じました。この本に出会う前に、TOEICに関する単語本に取り組んで、それなりに頻出する単語は何かを見極めていたと自負していました。この本では、今まで学習してきた単語が１冊に凝縮されていました。もっと早くこの本に出会えていたら、もっと早くスコアをあげられたのに、と思ってしまいました。　　　（Hさん・30代男性・ソフトウェア会社勤務）
●**仕事にも使える例文が素晴らしい**

　たまたま立ち寄った書店で見つけ、表裏両ページとも簡単そうで「これなら無理なく続けていけそう」と思い購入しました。例文も実用的なものが多く、仕事で使え、重宝しています。　　　　　　　　　　（Tさん・40代男性・公務員）
●**単語は、毎日眺める**

　初めてTOEICの模試をやってみた時の結果が520点くらい。それから２ヶ月勉強して結果は815点！　予想より良くて嬉しかったです。まずは先生の『TOEICスコアアップ131のヒント』を読んで、計画を立てました。単語は毎日眺めて、夜寝る前にはダウンロードした英文を聞きながら寝ました。　　　　　　（Aさん・30代女性・映画関係会社）

この本の使い方

●奇数ページ

TOEIC頻出単語をクイズ形式で紹介しています。もっとも適切な日本語訳を、3択から選んでください。パート別、よく出る順です。

チェック欄を使って、覚えた単語や何度も間違えてしまう単語を確認しましょう。

●偶数ページ

【解説】……類書に比べ、圧倒的に詳しく読み応えがあります。出題パターンや間違いやすいトリックを説明しています。

【派】……TOEICによく出る派生語を紹介しています。

【類】……TOEICによく出る類語を紹介しています。

【例文】……頻出単語を使った英文です。出題傾向を反映した英文なので、これを押さえるだけでも点数が大幅アップ。

【参考】……正解以外の選択肢の英単語を紹介しています。

●コラム

著者のこれまでの著作を本人が解説しています。他にも読むだけで英語力がつく情報が満載です。

●索引

巻末についています。チェック欄付きなので、試験直前の総整理などに便利です。

●ダウンロード・サービス

本書の重要単語と例文を、ネイティブスピーカーが録音しました。これで、リスニング対策も万全です。ダウンロードの方法など、詳しくは本書最終ページをご覧ください。

1章

パート1によく出る単語・熟語

【パート1】
リスニングセクション、パート1の「写真描写問題」によく出る単語・熟語を集めました。
パート1は、日常生活でよく使われる簡単な単語が多いのが、特徴です。

第1問

< item >

この単語の、もっとも適切な日本語を選びなさい。

(1) 品物

(2) 所有物

(3) 在庫

第2問

< vehicle >

この単語の、もっとも適切な日本語を選びなさい。

(1) 救急車

(2) 歩行者

(3) 車

【1章 パート1によく出る単語・熟語】

第1問の答え　　　（1）品物

< item >

[áitəm]【名詞】品物、商品、項目、品目

【解説】日常生活でもビジネスでも頻繁に使われる単語です。TOEIC ではパート(1)の「写真描写問題」や、パート(2)の「応答問題」、またパート(7)の「読解問題」で使われることが多い単語です。

【派】itemize（動）「箇条書きにする」、itemized（形）「項目別の」

【類】merchandise「商品」、purchase「購入品」

【例文】All purchased items must be declared at customs.
訳：購入した物品は、すべて税関で申告しなければなりません。

【参考】(2) belongings　(3) inventory

第2問の答え　　　（3）車

< vehicle >

[ví:əkl]【名詞】車、乗り物

【解説】car は知っていても、vehicle は知らないという人が多いようです。業績レポートなどでは、car よりも vehicle が使われることも多いので重要な単語です。TOEIC でも、リスニングセクションパート(1)の「写真描写問題」で車のそばに人が立っている写真が出ることがあり、その際、問題文で vehicle が使われることが多いです。

【類】automobile「自動車」

【例文】It is illegal to operate a motor vehicle without a license.
訳：無免許で自動車を運転することは違法です。

【参考】(1) ambulance　(2) pedestrian

第 3 問

< drawer >

この単語の、もっとも適切な日本語を選びなさい。

(1) 棚

(2) 引出し

(3) 金庫

第 4 問

< railing >

この単語の、もっとも適切な日本語を選びなさい。

(1) 手すり

(2) 塀

(3) 廊下

第3問の答え　(2) 引出し

< drawer >

[drɔ́:r]【名詞】引出し、たんす

【解説】パート(1)の「写真描写問題」で引出しを開けている女性（男性）の写真が出ることがあり、そのような問題で使われる単語です。同じ「写真描写問題」で誤答の中で使われることもあります。

【例文】He placed the files in the drawer of the filing cabinet.
訳：彼はファイリングキャビネットの引出しに、そのファイルをおさめました。

【参考】(1) shelf　(3) safe

第4問の答え　(1) 手すり

< railing >

[réiliŋ]【名詞】手すり、ガードレール

【解説】リスニングセクションパート(1)の「写真描写問題」で時々使われる単語です。手すりにもたれている人の写真が出て、She is leaning against the railing. というような英文が流れることがあります。手すりにもたれている場合だけでなく、手すりに手をかけている、などの英文が使われることもあります。

【類】handrail「手すり」

【例文】She held on to the railing as she climbed the stairs.
訳：彼女は階段を登るときに、手すりにつかまりました。

【参考】(2) fence　(3) hall

第 5 問

< container >

この単語の、もっとも適切な日本語を選びなさい。

(1) 装置

(2) 入れ物

(3) 束

第 6 問

< stairs >

この単語の、もっとも適切な日本語を選びなさい。

(1) 階段

(2) 物置

(3) 手すり

【1章 パート1によく出る単語・熟語】 017

第5問の答え　　（2）入れ物

< container >

[kəntéinər]【名詞】入れ物、容器、コンテナ

【解説】パート(1)の「写真描写問題」では、入れ物に果物が盛られているような写真が出ることがあり、そのような問題でよく使われる単語です。コンテナ車のコンテナも同じ単語ですが、パート(1)で出る場合、「容器」として使われている場合がほとんどです。

【例文】He keeps his paperclips in a plastic container.
訳：彼はプラスチックの容器にペーパークリップを入れています。

【参考】(1) device　(3) bundle

第6問の答え　　（1）階段

< stairs >

[stéərz]【名詞】階段

【解説】階段を上ったり降りたりしている女性（男性）の写真が出ることがあり、そのような問題でよく使われる単語です。stairs に関係した単語で upstairs「2階（名詞）、2階に（副詞）」が出ることがあります。

【例文】He took the stairs instead of using the escalator.
訳：彼はエスカレーターを使わずに、階段を利用しました。

【参考】(2) storage　(3) railing

第7問

< in a row >

この熟語の、もっとも適切な日本語を選びなさい。

(1) すぐに

(2) 列に並んで

(3) ある方法で

第8問

< ladder >

この単語の、もっとも適切な日本語を選びなさい。

(1) はしご

(2) 階段

(3) 非常口

第7問の答え　　(2) 列に並んで

< in a row >
【熟語/慣用表現】列に並んで、連続して

【解説】パート(1)の「写真描写問題」で使われることが多い表現です。車や自転車が路上や駐車場に一列に並んでいたり、人が一列に並んでいたりする写真などでよく使われます。

【例文】The students were standing in a row before entering the school building.
訳：生徒たちは校舎に入る前に、一列に並んでいました。

【参考】(1) in a minute　(3) in a manner

第8問の答え　　(1) はしご

< ladder >
[lǽdər]【名詞】はしご、(地位などの)段階

【解説】パート(1)の「写真描写問題」で、はしごが建物に立て掛けられている写真が出ることがあり、その際に必ず使われる単語です。The ladder is leaning against the wall.「はしごが壁に立て掛けられている」というような英文で使われます。TOEICとは関係ありませんが、企業での出世の階段のことを corporate ladder と言います。

【例文】The painter climbed a ladder to paint the ceiling.
訳：画家は天井に絵を描くために、はしごを登りました。

【参考】(2) stairs　(3) emergency exit

第 9 問

< refuel >

この単語の、もっとも適切な日本語を選びなさい。

(1) 再編成する

(2) 再建する

(3) 燃料を補給する

第 10 問

< audience >

この単語の、もっとも適切な日本語を選びなさい。

(1) 聴衆

(2) 歩行者

(3) 群衆

第9問の答え　(3) 燃料を補給する

< refuel >

[rìːfjúːəl]【動詞】燃料を補給する

【解説】リスニングセクションパート(1)の「写真描写問題」で、「人が車に給油している写真」が出ることがあり、そこで使われる単語です。refuel が使われる場合も、fuel が使われる場合もあります。どちらも同じような意味になります。
【派】fuel（動）「燃料を補給する」
【例文】After landing, the plane was refueled for its next departure.
訳：着陸後、その飛行機は次の出発に備えて燃料の補給を受けました。
【参考】(1) reorganize　(2) reconstruct

第10問の答え　(1) 聴衆

< audience >

[ɔ́ːdiəns]【名詞】聴衆、観客、視聴者

【解説】TOEIC 全パートでよく使われる単語です。パート(1)の「写真描写問題」でも時々使われますが、パート(4)の「説明文問題」で、Who is the audience?「聴衆は誰でしょうか？」のような設問文が出ることが多いです。
【派】audible（形）「聞き取れる」
【類】spectator「観客」、viewer「視聴者」
【例文】The audience gave a standing ovation at the end of the opera.
訳：オペラが終了したとき、聴衆は総立ちで拍手喝采を送りました。
【参考】(2) pedestrian　(3) crowd

第 11 問

< side by side >

この熟語の、もっとも適切な日本語を選びなさい。

(1) 日に日に

(2) 横に並んで

(3) 一つずつ

第 12 問

< parking lot >

この単語の、もっとも適切な日本語を選びなさい。

(1) 舗装道路

(2) 駐車場

(3) 裏庭

【1章 パート1によく出る単語・熟語】 023

第11問の答え　　（2）横に並んで

< side by side >

【熟語/慣用表現】横に並んで、隣り合って

【解説】パート(1)の「写真描写問題」で、人が並んで歩いている写真や、車が並んでとまっている写真などが出ることがあります。そのような英文で使われることが多い表現です。

【例文】The politicians stood side by side as their photo was taken.
訳：写真撮影の際に、政治家たちは横に並んで立ちました。

【参考】(1) day by day　(3) one by one

第12問の答え　　（2）駐車場

< parking lot >

[pá:rkiŋ làt]【名詞】駐車場

【解説】日常会話でよく使う単語です。リスニングセクションのパート(2)の「応答問題」や、パート(7)の「読解問題」で時々使われる単語です。パート(2)で使われる場合、間違いの選択肢に同じ音で同じスペルの park「公園」が入った英文が出ることが多いので注意しましょう。

【類】parking space「駐車場」

【例文】The parking lot at the new shopping mall is huge.
訳：新しいショッピングモールの駐車場は広大です。

【参考】(1) pavement　(3) backyard

024

第 13 問

< instrument >

この単語の、もっとも適切な日本語を選びなさい。

(1) 器具

(2) 機械類

(3) 区分

第 14 問

< face to face >

この熟語の、もっとも適切な日本語を選びなさい。

(1) 途中で

(2) 偶然に

(3) 面と向かって

第13問の答え　（1）器具

< instrument >

[ínstrəmənt]　【名詞】器具、道具、楽器、手段

【解説】 パート(1)の「写真描写問題」以外では「器具」という意味で使われる場合もありますが、パート(1)で使われる場合はいろいろな楽器を弾いている人たちの写真が出ていて、そこで musical instrument「楽器」という単語が使われることが多いです。
【派】 instrumental（形）「役に立つ」
【例文】 The instruments used in surgery must first be sterilized.
訳：外科手術に使う器具は、まず消毒されなければなりません。
【参考】（2）machinery　（3）segment

第14問の答え　（3）面と向かって

< face to face >

【熟語 / 慣用表現】面と向かって

【解説】 パート(1)の「写真描写問題」で、「二人の人が向かい合って話をしている写真」が出て、その正答の英文に使われることもありますが、逆に「二人の人が向かい合っていない写真」の誤答の英文に使われることもあります。日常生活でもよく使う表現です。
【例文】 I have spoken on the phone with Mr. Walker, but we haven't met face to face.
訳：私はウォーカー氏と電話で話したことはありますが、じかにお目にかかったことはありません。
【参考】（1）on the way　（2）by chance

第 15 問

< be filled with >

この熟語の、もっとも適切な日本語を選びなさい。

(1) ～に直面している

(2) ～に覆われている

(3) ～でいっぱいである

第 16 問

< a pile of >

この熟語の、もっとも適切な日本語を選びなさい。

(1) いろいろな～

(2) 山のような～

(3) ある種の～

第15問の答え (3) 〜でいっぱいである

< be filled with >
【熟語 / 慣用表現】〜でいっぱいである、〜で満たされている

【解説】パート(1)でかごや容器に何かがいっぱい入れてある写真や、満席に近いレストラン内の写真が出ることがあり、そのような写真で The container is filled with glasses. 「その容器はグラスでいっぱいである」や、The restaurant is filled with people. 「そのレストランは人でいっぱいである」などのような英文がよく使われます。

【例文】The basket is filled with apples and is ready for market.
訳:そのかごにはリンゴが詰め込まれ、出荷できる状態にあります。

【参考】(1) be faced with (2) be covered with

第16問の答え (2) 山のような〜

< a pile of >
【熟語 / 慣用表現】山のような〜、山積みの〜

【解説】日常的によく使う熟語です。リスニングセクションのパート(1)で、お皿などの食器類が積み重なっている写真や、椅子が積み重なっている写真で使われることがあります。他にもリスニングセクションのパート(2)や(3)の会話で使われることもあります。

【類】a bunch of 〜 「多数の〜」

【例文】On his desk, there is a pile of reports that haven't been finished.
訳:彼の机の上には、書き終わっていない報告書の山があります。

【参考】(1) a variety of (3) a kind of

第 17 問

< reflect >

この単語の、もっとも適切な日本語を選びなさい。

(1) 反映する

(2) 考慮する

(3) 配達する

第 18 問

< sort >

この単語の、もっとも適切な日本語を選びなさい。

(1) 仕分ける

(2) 分かち合う

(3) 分割する

[1章 パート1によく出る単語・熟語] 029

第17問の答え　　（1）反映する。

< reflect >

[riflékt]【動詞】反映する

【解説】パート(1)の「写真描写問題」で「ビルや木が水面に映っている」写真が出ることがあり、そのような写真の正答の英文で「映っている」という意味でreflectが使われることが多いです。パート(7)の「読解問題」で使われることもあります。

【派】reflection（名）「反映、反射」

【例文】The recent arrest of our CEO reflects poorly on our company's image.
訳：最高経営責任者が最近逮捕されたことは、当社のイメージに悪い影響をもたらしています。

【参考】(2) consider　(3) deliver

第18問の答え　　（1）仕分ける

< sort >

[sɔ́ːrt]【動詞】仕分ける、分類する

【解説】男性が机の上などに積まれた書類を分類している写真が出ることがあり、そのような問題で使われます。同じ「写真描写問題」で誤答の英文で使われることもあります。

【例文】The secretary sorted the executive's mail into an urgent pile and a non-urgent pile.
訳：秘書は重役宛の郵便物を、緊急を要するものとそうでないものに分類して、積み重ねました。

【参考】(2) share　(3) divide

第19問

< tow >

この単語の、もっとも適切な日本語を選びなさい。

(1) 拡張する

(2) 牽引する

(3) 祈る

第20問

< pour >

この単語の、もっとも適切な日本語を選びなさい。

(1) かき混ぜる

(2) 注ぐ

(3) こぼす

第19問の答え　（2）牽引する

< tow >
[tóu]【動詞】牽引する

【解説】パート(1)の「写真描写問題」で、海や湖から引き上げられた小型船やヨットが浜に並んでいる写真が出ることがあり、そのような問題で誤答の選択肢に tow「牽引する」が使われることがあります。tow という単語を知らないせいか、正答として選んでしまう人が結構います。

【例文】He had the car towed because it had two flat tires.
訳：タイヤが2本パンクしたので、彼は車を牽引してもらいました。

【参考】(1) extend　(3) pray

第20問の答え　（2）注ぐ

< pour >
[pó:r]【動詞】注ぐ

【解説】パート(1)の「写真描写問題」で使われることがあります。「紅茶やお茶を注ぐ」という行為を表す動詞として、日常生活で頻繁に使います。

【例文】The waiter poured wine into their glasses.
訳：ウエイターは、彼らのグラスにワインを注ぎました。

【参考】(1) stir　(3) spill

第 21 問

< produce >

この単語の、もっとも適切な日本語を選びなさい。

(1) 生産高

(2) 製品

(3) 農産物

第 22 問

< steps >

この単語の、もっとも適切な日本語を選びなさい。

(1) 階段

(2) デッキ

(3) 門

【1章 パート1によく出る単語・熟語】 033

第21問の答え　　（3）農産物

< produce >

[próudju:s]【名詞】農産物、産出量

【解説】TOEIC 改変後は出題が減りましたが、改変前はパート(1)の「写真描写問題」に、店の外に野菜が並べられている写真が出ることがあり、そこでよく使われた単語です。動詞のproduce「生産する」は知っていても、名詞で「農産物」という意味で使われることを知らない人が多いです。名詞「農産物」で使う場合はアクセントの位置が前にきます。
【派】producer（名）「生産者」、product（名）「製品」、production（名）「生産」、productive（形）「生産的な」
【例文】He bought some fresh produce at the supermarket.
訳：彼はスーパーマーケットで新鮮な農産物を買いました。
【参考】(1) output　(2) product

第22問の答え　　（1）階段

< steps >

[stéps]【名詞】階段、段

【解説】家の玄関や美術館などの正面の階段のところで数名が話をしている写真が出ることがあり、そのような問題で使われることが多い単語です。「一歩」という意味の step はすでに日本語になっていて誰もが知っていますが、「写真描写問題」ではこの意味で使われることはほとんどありません。
【例文】The steps in the garden are made of marble.
訳：その庭にある階段は大理石でできています。
【参考】(2) deck　(3) gate

自作解説

1日1分レッスン！TOEIC Test シリーズ
祥伝社

『1日1分レッスン！ TOEIC Test』シリーズは、単語本も合わせるとすでに6冊が出版され、合計販売部数も38万部と、言うまでもなく私の代表作となりました。

1冊目の『1日1分レッスン！ TOEIC Test—時間のないあなたに！即効250点 up』が出版されたのは2005年1月ですが、その直後にTOEICテストが改変されました。改変後のTOEICに合わせて書きなおした『1日1分レッスン！ 新 TOEIC Test』も、2007年10月に出版されました。

時系列的に書くと、『時間のないあなたに！』『パワーアップ編』『英単語、これだけ』『ステップアップ編』『新TOEIC Test』『千本ノック』、そして本書となります。"光陰矢のごとし"といいますが、祥伝社の編集長に初めて執筆の依頼を受けたのが、ついこの間のように思われます。

『1日1分レッスン！ TOEIC Test』はリーディングセクションのパート（5）と（6）の問題に特化した問題集です。この5年半、毎回TOEICを欠かさず受験し、その時

自作解説

の出題傾向を踏まえたうえで毎年『1日1分レッスン』を執筆しています。ですから「どの本から始めればいいのか」と聞かれれば「出版年度の新しいものから」ということになります。今の TOEIC を反映し、最近は語彙問題も多く含むようにしているので、文法問題をさらにしっかりと理解したいという方は、新しいものから順番に、古いものへとバックしてください。

文庫のため字数の制約もあり説明が簡単な部分もありますが、理解できない場合は『Forest』などの文法書や、私が他社から出している『リーディングの鉄則』を参照なさってください。

現在の TOEIC の、パート（5）の半分は語彙問題です。他の問題集同様に語彙問題は推測が難しく、取り上げにくいのですが、上で述べたように「千本ノック」以降は、できるだけ語彙問題も取り上げるようにしています。この点も本シリーズの特徴です。

TOEIC 受験生の間では「緑本」という愛称で呼ばれ始め、受験会場でも本書で勉強をしている方を見かけるようになりました。本当にうれしい限りです。

2章

パート2・3によく出る単語・熟語

【パート2 & 3】
リスニングセクション、パート2の「応答問題」とパート3の「会話問題」によく出る単語・熟語を集めました。パート1とは異なり、ビジネスで使われる単語・熟語も一部含まれています。

第 1 問

< charge >

この単語の、もっとも適切な日本語を選びなさい。

(1) 寄付する

(2) 請求する

(3) 払い戻す

第 2 問

< due >

この単語の、もっとも適切な日本語を選びなさい。

(1) 期限が来ている

(2) 儲かる

(3) 意味のある

第1問の答え　（2）請求する

< charge >

[tʃáːrdʒ]【動詞】請求する、責める、充電する

【解説】動詞では「請求する」という意味ですが、名詞では「料金」という意味になります。日常生活でもビジネスでも頻繁に使われる単語で、動詞、名詞ともに TOEIC 必須単語の一つです。また、charge を使った be in charge of「〜を担当している」という熟語もリスニングセクションで頻繁に使われます。一緒に覚えましょう。

【派】chargeable（形）「課税対象となる、責任を負うべき」
【例文】We weren't charged for the defective goods.
訳：その欠陥品については、代金は請求されませんでした。
【参考】(1) contribute　(3) reimburse

第2問の答え　（1）期限が来ている

< due >

[djúː]【形容詞】期限が来ている、〜する予定である、到着予定で、当然支払うべき

【解説】日常生活でもビジネスでも頻繁に使う単語で、形容詞のほかに名詞としても使われます。名詞として使われる場合には「当然支払われるべきもの、会費、使用料」などの意味で使われます。TOEIC ではリスニングセクションのパート(2)や(3)の会話文でも使われますが、パート(5)の「短文穴埋め問題」として形容詞の due が出題されることがあります。

【類】payable「支払い満期の、支払うべき」
【例文】Payment is due by the first of the month.
訳：支払い期限は毎月1日です。
【参考】(2) profitable　(3) meaningful

第 3 問

< revision >

この単語の、もっとも適切な日本語を選びなさい。

(1) 追加

(2) 改定

(3) 削除

第 4 問

< estimate >

この単語の、もっとも適切な日本語を選びなさい。

(1) 支出

(2) 見積もり

(3) 値引き

第3問の答え　(2) 改定

< revision >

[rivíʒən]【名詞】改定、修正、更新、見直し

【解説】全パートを通して使われますが、特にリスニングセクションのパート(2)や(3)で頻繁に使われる単語です。動詞のrevise「改定する」、分詞のrevised「改定された」ともによく出ます。両方の使い方を覚えましょう。
【派】revise（動）「改定する」
【類】modification「修正」
【例文】Our lawyers have recommended revisions to our contract with the client.
訳：当社の弁護士は、その取引先との契約内容を改定するよう勧めました。
【参考】(1) addition　(3) elimination

第4問の答え　(2) 見積もり

< estimate >

[éstəmət]【名詞】見積もり、予測、見積書、評価

【解説】名詞「見積もり」はビジネス必須単語です。名詞ではほかに「予測」という意味もありますが、ビジネスで「見積もり」という単語をよく使うせいか、TOEICでは名詞として使われる場合には「見積もり」として出ることが多いです。動詞では「予測する」「見積もる」の両方の意味がありますが、動詞としてテストに出る場合には「予測する」の意味で使われることのほうが多いです。
【例文】The mechanic gave an estimate of the cost of repairing her car.
訳：整備工は彼女の車の修理代を見積もりました。
【参考】(1) expenditure　(3) discount

第5問

< contract >

この単語の、もっとも適切な日本語を選びなさい。

(1) 証明書

(2) 請求書

(3) 契約

第6問

< laboratory >

この単語の、もっとも適切な日本語を選びなさい。

(1) 研究室

(2) 代理店

(3) 工場

【2章 パート2・3によく出る単語・熟語】 043

第5問の答え　　（3）契約

< contract >

[kάntrækt]　**【名詞】契約、契約書**

【解説】 contract はビジネス必須単語なので、TOEIC でも全パートを通して頻繁に使われます。外資系企業では日本語として使っている会社もあり、大半の人が知っている単語です。

【派】 contractual（形）「契約上の」、contractor（名）「契約者、請負人」

【類】 agreement「契約、覚書」

【例文】 The automobile company has just renewed its contract with the supplier.
訳：その自動車会社は、納入業者との契約を更新したばかりです。

【参考】（1）certificate　（2）bill

第6問の答え　　（1）研究室

< laboratory >

[lǽbərətɔ̀:ri]　**【名詞】研究室、研究所、実験室**

【解説】 リスニングセクションで使われる場合には、laboratory ではなく lab という省略形で出ます。リスニングセクションのパート(2)と(3)を中心に頻繁に出る単語です。半分日本語にもなっているので知らない人は少ないと思いますが、リスニングセクションで発音される lab という音を聞いたら、すぐに laboratory の lab だと気付いてください。

【派】 labor（名）「労働」

【例文】 Researchers are testing out the new drug in the laboratory.
訳：研究者たちは、研究室で新薬のテストをしています。

【参考】（2）agent　（3）plant

第7問

< provide >

この単語の、もっとも適切な日本語を選びなさい。

(1) 提供する

(2) 要求する

(3) 設置する

第8問

< promote >

この単語の、もっとも適切な日本語を選びなさい。

(1) 勇気づける

(2) 昇進させる

(3) 割り当てる

第7問の答え　(1) 提供する

< provide >

[prəváid]【動詞】提供する、与える、扶養する、規定する

【解説】日常会話でもビジネスでも頻繁に使う単語で、TOEICでも全パートを通して頻繁に目にします。provide A（人）with B「A（人）にBを提供する」、provide B for A（人）「A（人）にBを提供する」と2通りの言い方がありますが、それぞれの表現で使われる前置詞が違うので間違えないようにしましょう。

【派】provision（名）「用意、規定」、provided（接）「～という条件で」

【類】supply「供給する」

【例文】Our company provides a wide range of services.
訳：当社は多岐にわたるサービスを提供しています。

【参考】(2) demand　(3) install

第8問の答え　(2) 昇進させる

< promote >

[prəmóut]【動詞】昇進させる、奨励する、販売促進する

【解説】全パートを通して頻繁に使われる単語です。リスニングセクションのパート(2)の「応答問題」では「～が…に昇進したって聞いた？」のような話が出ることも多いです。「販売促進する」という意味でもよく出ます。

【派】promotion（名）「昇進、販売促進」

【類】advance「昇進させる」、raise「昇進させる」

【例文】Mr. Hasegawa was promoted to director of sales after his outstanding performance last year.
訳：長谷川氏は昨年の際立った業績のために、営業担当取締役に昇進しました。

【参考】(1) encourage　(3) assign

第9問

< apply >

この単語の、もっとも適切な日本語を選びなさい。

(1) 応募する

(2) 暗示する

(3) 従う

第10問

< position >

この単語の、もっとも適切な日本語を選びなさい。

(1) 職

(2) 面接

(3) 賃金

第9問の答え　(1) 応募する

< apply >

[əplái]【動詞】応募する、適用する、応用する

【解説】パート(1)以外の全パートで求人広告関連の英文が出ることが多く、そのような英文で使われることの多い動詞で、TOEIC必須単語の一つです。求人広告以外でも「申請する」という意味でも頻繁に使われます。求人広告に応募する際には動詞の apply を使いますが、特に apply for the position「ポジションに応募する」という表現が重要です。
【派】application（名）「応募、適用」、applicant（名）「応募者」、applicable（形）「応用できる」
【類】sign up for ～「～に入会申込みをする」
【例文】She would like to apply for a job with an electronics company.
訳：彼女は電機メーカーの仕事に応募したいと思っています。
【参考】(2) imply　(3) comply

第10問の答え　(1) 職

< position >

[pəzíʃən]【名詞】職、地位、場所、立場

【解説】アメリカでは、日本のように「会社に応募する」とは言わず、「職に応募する」という言い方をします。求人広告以外でも position「職」という単語は頻繁に使われ、TOEICでもパート(1)以外の全パートを通してよく出ます。
【類】post「職、地位」
【例文】He has been offered a position with an investment bank.
訳：彼は投資銀行での職を提示されました。
【参考】(2) interview　(3) wage

第 11 問

< reliable >

この単語の、もっとも適切な日本語を選びなさい。

(1) 信頼できる

(2) 調整できる

(3) 明確な

第 12 問

< bill >

この単語の、もっとも適切な日本語を選びなさい。

(1) 残高

(2) 建物

(3) 勘定書

第11問の答え　(1) 信頼できる

< reliable >

[riláiəbl]【形容詞】信頼できる、頼りになる

【解説】ビジネスでよく使う単語で、TOEIC でも全般を通してよく出る単語です。dependable と同じ意味で、問題文と選択肢の間で reliable を dependable に言いかえることもあります。どちらも重要な単語で、TOEIC でもよく使われます。

【派】rely（動）「頼る」、reliance（名）「信頼」、reliability（名）「信頼性」

【類】dependable「信頼のおける」

【例文】Customers are looking for a reliable automobile that can last a long time.

訳：顧客は、長持ちする安全な車を求めています。

【参考】(2) adjustable　(3) explicit

第12問の答え　(3) 勘定書

< bill >

[bíl]【名詞】勘定書、請求書、法案、紙幣

【解説】日常生活に欠かせない単語で、頻繁に使われます。TOEIC 必須単語の一つで、特にリスニングセクション全般と、リーディングセクションのパート(7)で使われることの多い単語です。

【類】invoice「請求明細書」、statement「計算書」、check「勘定書」

【例文】The electricity was shut off because they had neglected to pay the bill.

訳：彼らが料金を払わなかったため、電気が止められました。

【参考】(1) balance　(2) building

第 13 問

< be in charge of >

この熟語の、もっとも適切な日本語を選びなさい。

(1) ～を探している

(2) ～の責任者である

(3) ～の立場にある

第 14 問

< pick up >

この熟語の、もっとも適切な日本語を選びなさい。

(1) 車で迎えに行く

(2) 駆け上がる

(3) 作り上げる

第13問の答え （2）〜の責任者である

< be in charge of >

【熟語/慣用表現】〜の責任者である、〜の担当である

【解説】TOEIC 全般で使われますが、特にこの表現が出ることが多いのがリスニングセクションのパート (2) の「応答問題」です。Who is in charge of the travel arrangement?「誰が出張手配の担当者ですか？」のような英文で頻繁に出ます。覚えておくと仕事で使えて便利です。

【類】supervisor「監督者」、be under one's control「〜に管理されている」

【例文】He is in charge of the IT Department.
訳：彼は IT 部門の責任者です。

【参考】（1）be in search of　（3）be in the position of

第14問の答え （1）車で迎えに行く

< pick up >

【熟語/慣用表現】車で迎えに行く、持ち上げる、拾い上げる

【解説】日常会話でよく使う単語で、TOEIC ではパート (2) の「応答問題」で使われることが多いです。pick up には「迎えに行く」以外にも「持ち上げる」「拾い上げる」という意味がありますが、パート (2) で出る場合、「持ち上げる」という意味の pick up は誤答の英文で使われることが多いです。

【類】give 〜 a ride「〜を車に乗せてあげる」

【例文】She picked her client up from the airport.
訳：彼女は車で空港まで顧客を迎えに行きました。

【参考】（2）run up　（3）make up

第 15 問

< update >

この単語の、もっとも適切な日本語を選びなさい。

(1) 我慢する

(2) 更新する

(3) 現れる

第 16 問

< mind >

この単語の、もっとも適切な日本語を選びなさい。

(1) 気にする

(2) 妥協する

(3) 結論づける

【2章 パート2・3によく出る単語・熟語】 053

第15問の答え　（2）更新する

< update >
[ʌ́pdéit]【動詞】更新する、最新の状態にする

【解説】リスニングセクション全般で使われることの多い単語ですが、特にパート(2)の「応答問題」で使われることが多いです。ビジネスでも頻繁に使う単語で、半分日本語にもなっているので知らない人は少ないでしょう。
【類】renew「更新する」
【例文】Stock information on this web site is updated every ten minutes.
訳：このウェブサイトの株式情報は10分ごとに更新されます。
【参考】(1) tolerate　(3) emerge

第16問の答え　（1）気にする

< mind >
[máind]【動詞】気にする、いやだと思う、注意を払う

【解説】パート(2)の「応答問題」で、依頼を表す問題で時々出題されます。依頼する場合、Could you ～ ? や Would you ～ ? 以外に、mind を使って、Would you mind ～ ing? や Don't you mind ～ ing? などのような表現を使うことがあります。日常会話でも頻繁に使われます。
【類】care「気にする」
【例文】He doesn't mind the high price of the business class ticket because his company will pay for it.
訳：会社が払うので、彼はビジネスクラスのチケットが高額であることを気にしません。
【参考】(2) compromise　(3) conclude

第 17 問

< job interview >

この単語の、もっとも適切な日本語を選びなさい。

(1) 求職申込み

(2) 人材

(3) 就職面接

第 18 問

< deposit >

この単語の、もっとも適切な日本語を選びなさい。

(1) 保証金

(2) 投資

(3) 明細書

第17問の答え　(3) 就職面接

< job interview >

[dʒáb íntərvju:]【名詞】就職面接

【解説】パート(2)、(3)、(6)、(7)で求人広告や、求人関連の内容が出ることが多く、job interviewはそこで頻繁に使われます。パート(2)の「応答問題」やパート(3)の「会話問題」ではjobが省略されて、interviewだけで使われることも多いです。job interview以外にも、apply for the positionやqualificationなどのように求人関連できまって使われる単語があるので、それらも一緒に覚えましょう。

【例文】He was asked questions about his work experience at the job interview.
訳：彼は就職の面接で、職歴について聞かれました。

【参考】(1) job application　(2) human resources

第18問の答え　(1) 保証金

< deposit >

[dipázət]【名詞】保証金、敷金、預金

【解説】TOEIC頻出単語です。パート(1)を除けば、どのパートにも出題されます。「保証金」以外にも、「内金」「前払い」などさまざまな意味があり、日常生活でも頻繁に使われる重要な単語です。動詞も同じdeposit「預ける、預金する」で、動詞も重要です。

【派】depositor（名）「預金者」

【類】down payment「頭金」、advance payment「前払い金」

【例文】The deposit for renting the apartment is higher than expected.
訳：そのアパートを借りるための敷金は、予想していたよりも高額です。

【参考】(2) investment　(3) statement

第 19 問

< confidential >

この単語の、もっとも適切な日本語を選びなさい。

(1) それぞれの

(2) 秘密の

(3) 不可欠の

第 20 問

< book >

この単語の、もっとも適切な日本語を選びなさい。

(1) 予約する

(2) 予測する

(3) 改訂する

第19問の答え　(2) 秘密の

< confidential >

[kànfidénʃl]【形容詞】秘密の

【解説】ビジネスでは、confidential agreement「守秘義務契約書」、confidential report「機密報告書」のように、confidentialという単語を頻繁に使います。そのためか、TOEIC でもリスニングセクションパート(3)の「会話問題」や、リーディングセクションパート(7)の「読解問題」で時々使われます。

【派】confidence（名）「信頼、自信」、confident（形）「自信のある」

【例文】Our customers' private information must be kept confidential.
訳：顧客の個人情報は、極秘に扱われるべきです。

【参考】(1) respective　(3) essential

第20問の答え　(1) 予約する

< book >

[búk]【動詞】予約する

【解説】reserve も「予約する」の意味で、頻繁に使われますが、TOEIC では book が使われる場合が多いです。TOEIC ではホテルを予約する、飛行機を予約するなどの表現で、特にリスニングセクションのパート(2)と(3)で使われることが多く、TOEIC 必須単語の一つです。

【派】booking（名）「予約」

【類】reserve「予約する」

【例文】They booked a hotel room for two nights.
訳：彼らはホテルを2泊予約しました。

【参考】(2) predict　(3) revise

第 21 問

< quit >

この単語の、もっとも適切な日本語を選びなさい。

(1) やめる

(2) 解雇する

(3) 無駄にする

第 22 問

< customer >

この単語の、もっとも適切な日本語を選びなさい。

(1) 業者

(2) 商人

(3) 顧客

【2章 パート2・3によく出る単語・熟語】

第21問の答え　　(1) やめる

< quit >

[kwít]【動詞】やめる、辞職する、中止する

【解説】TOEIC 全般を通して使われる単語ですが、中でもリスニングセクションのパート(2)で使われることが多いです。アメリカ人は転職や起業のため会社を辞めることが多いので、TOEIC でも「(会社を) 辞める」という単語が使われるのでしょう。resign と leave にも「辞める」という意味があり、やはり TOEIC に出ることが多いです。問題文と選択肢で同じ意味の別の単語で言いかえられる場合も多いので、これらの単語はまとめて覚えましょう。
【類】resign「辞職する」
【例文】He quit his job because he was unhappy with the working conditions.
訳：労働条件に不満があったので、彼は仕事を辞めました。
【参考】(2) dismiss　(3) waste

第22問の答え　　(3) 顧客

< customer >

[kʌ́stəmər]【名詞】顧客、取引先、得意先

【解説】ビジネス必須単語です。簡単な単語なので大半の人が知っているはずです。TOEIC でも全パートで頻繁に使われる TOEIC 必須単語の一つです。
【派】custom (名)「習慣」、customary (形)「習慣的な」、customize (動)「特注で作る」
【類】client「顧客、得意先」
【例文】The customers are lined up at the cash register.
訳：お客はレジに並んでいます。
【参考】(1) supplier　(2) merchant

第 23 問

< statistics >

この単語の、もっとも適切な日本語を選びなさい。

(1) 物理学

(2) 統計

(3) 文房具

第 24 問

< exhibition >

この単語の、もっとも適切な日本語を選びなさい。

(1) 展覧会

(2) 博物館

(3) 彫刻

第 23 問の答え　(2) 統計

< statistics >

[stətístiks]【名詞】統計、統計学、統計資料

【解説】ビジネスには「統計」がつきものです。したがってTOEICでもリスニングセクションのパート(3)や(4)、リーディングセクションのパート(7)などで時々使われます。副詞のstatistically「統計的には」もビジネスで頻繁に使われ、TOEICに出ることもあります。
【派】statistical（形）「統計上の」、statistically（副）「統計的に」
【例文】Based on recent statistics, 42 percent of consumers prefer foreign to domestic cars.
訳：最近の統計によれば、消費者の42%が国産車よりも外国車を好んでいます。
【参考】(1) physics　(3) stationery

第 24 問の答え　(1) 展覧会

< exhibition >

[èksəbíʃən]【名詞】展覧会、見本市

【解説】リスニングセクションのパート(2)、(3)、(4)でよく使われる単語です。特にパート(4)では美術館の見学ツアーの案内文が出ることがあり、そこで使われることも多いです。また、リーディングセクションのパート(7)でも美術館関連の英文が出ることがあり、この単語が使われることがあります。TOEICでは、美術館や展示に関する英文は時々出ます。
【派】exhibit（動）（名）「展示する、展示会」
【類】fair「展示会、見本市」
【例文】The museum held an exhibition of the painter's artwork.
訳：美術館は画家の作品の展覧会を開催しました。
【参考】(2) museum　(3) sculpture

第 25 問

< give a hand >

この熟語の、もっとも適切な日本語を選びなさい。

(1) 手伝う

(2) 配る

(3) 休憩する

第 26 問

< chair >

この単語の、もっとも適切な日本語を選びなさい。

(1) 居住する

(2) 議長を務める

(3) 統治する

第25問の答え　(1) 手伝う

< give a hand >
【熟語 / 慣用表現】手伝う、手を貸す

【解説】日常会話でよく使われる表現です。TOEIC ではパート(2)の「応答問題」で、作業などを手伝う場合の問題が出ることがあり、そのような英文で使われることが多いです。正確な意味を知らなくても、hand（手）を give（与える）わけですから、使われている単語から想像できるはずです。

【例文】She asked him to give her a hand moving the furniture.
訳：彼女は家具を動かすのを手伝ってほしいと彼に頼みました。

【参考】(2) hand out　(3) take a rest

第26問の答え　(2) 議長を務める

< chair >
[tʃéər]【動詞】議長を務める

【解説】Do you know who will chair the ～ committee ?「～委員会の議長を務めるのは誰ですか？」のように、パート(2)の「応答問題」を中心にリスニングセクションでよく使われます。パート(3)の「会話問題」や(4)の「説明文問題」にも時々出ます。

【派】chairperson（名）「議長」

【例文】The lawmaker volunteered to chair the committee on tax reform.
訳：その議員は、税制改革委員会の議長を務めることを買って出ました。

【参考】(1) reside　(3) govern

第 27 問

< look up >

この熟語の、もっとも適切な日本語を選びなさい。

(1) 探す

(2) 調べる

(3) 回想する

第 28 問

< draft >

この単語の、もっとも適切な日本語を選びなさい。

(1) 手引書

(2) 草稿

(3) 要約

【2章 パート2・3によく出る単語・熟語】 065

第27問の答え　　　(2) 調べる

< look up >
【熟語 / 慣用表現】調べる、見上げる、好転する

【解説】パート(2)の「応答問題」で、設問として「～はいくらですか？」や「～はいつですか？」のような英文が出ることがあり、それに対する正しい応答として「ちょっと、調べてみます」と言う場合に、look up「調べる」が使われることが多いです。

【例文】She looked up the meanings of the words in her dictionary.
訳：彼女は単語の意味を辞書で調べました。

【参考】(1) look for　(3) look back

第28問の答え　　　(2) 草稿

< draft >
[drǽft]【名詞】草稿

【解説】ビジネスで頻繁に使う単語です。半分日本語になっていますが、TOEICではリスニングセクションパート(2)、(3)、(4)、リーディングセクションパート(7)で使われることの多い単語です。

【類】manuscript「原稿」

【例文】The first draft of the manuscript must be finished by tomorrow.
訳：草稿の初稿は明日までに仕上げなければなりません。

【参考】(1) manual　(3) summary

第 29 問

< income >

この単語の、もっとも適切な日本語を選びなさい。

(1) 料金

(2) 利益

(3) 収入

第 30 問

< belongings >

この単語の、もっとも適切な日本語を選びなさい。

(1) 所持品

(2) 予算

(3) 重荷

第29問の答え　(3) 収入

< income >
[ínkʌm]【名詞】収入、所得

【解説】外資系企業では「インカム」と日本語のように使われている単語なので、知らない人は少ないと思います。収入を表す単語はほかにも、earnings や revenue などがあります。業績レポートでもよく目にする単語です。
【類】earnings「収入」、revenue「収入、歳入」
【例文】After he was promoted, his monthly income increased by five percent.
訳：昇進してから彼の月収は5%増えました。
【参考】(1) charge　(2) gain

第30問の答え　(1) 所持品

< belongings >
[bilɔ́ŋiŋz]【名詞】所持品、身の回りのもの

【解説】飛行機から降りる直前に機内アナウンスで使われることが多い単語なので、耳慣れている人も多いはずです。TOEIC ではリスニングセクションのパート(2)で使われることがある単語です。動詞の belong は belong to「〜の所有である」の形でもリスニングセクションに時々出ます。
【派】belong（動）「所属する」
【類】possessions「所有物」、property「財産、所有物」
【例文】On his last day, he packed his belongings in a cardboard box.
訳：最後の出勤日に、彼は自分の所持品を段ボール箱につめました。
【参考】(2) budget　(3) burden

第 31 問

< mention >

この単語の、もっとも適切な日本語を選びなさい。

(1) 参照する

(2) 引用する

(3) 述べる

第 32 問

< feel free to >

この熟語の、もっとも適切な日本語を選びなさい。

(1) 遠慮なく〜する

(2) 〜に慣れる

(3) 〜しそうである

第31問の答え　（3）述べる

< mention >

[ménʃən]【動詞】述べる、言及する

【解説】TOEIC 全般で使われますが、特にパート(7)の「読解問題」では、Which is NOT mentioned ?「述べられていないものを選べ」のように設問文で使われることが多いです。
【類】refer「言及する」
【例文】He mentioned that he was interested in our products.
訳：彼は当社の製品に興味があると述べました。
【参考】（1）refer　（2）quote

第32問の答え　（1）遠慮なく〜する

< feel free to >

【熟語 / 慣用表現】遠慮なく〜する、自由に〜する

【解説】feel free to を使った、Please feel free to ask me if you have any questions.「ご不明な点があれば、ご遠慮なくお聞きください」などのような英文はビジネスで頻繁に使います。TOEIC でもパート(2)の「応答問題」や、パート(3)の「会話問題」で使われることがあります。
【例文】If you have any further questions, please feel free to let me know.
訳：ほかにご質問がございましたら、遠慮なくおたずねください。
【参考】（2）get used to　（3）be likely to

第 33 問

< reasonable >

この単語の、もっとも適切な日本語を選びなさい。

(1) 理にかなった

(2) 入手可能な

(3) かなりの

第 34 問

< convention >

この単語の、もっとも適切な日本語を選びなさい。

(1) 議会

(2) 会議

(3) 委員会

【2章 パート2・3によく出る単語・熟語】 071

第33問の答え　(1) 理にかなった

< reasonable >

[rí:znəbl]【形容詞】理にかなった、手ごろな、(値段が)高くない、分別のある

【解説】ビジネスでよく使う単語で、TOEIC でもリスニング、リーディング両セクションを通して時々使われます。reasonable resolution「理にかなった解決」のように「理にかなった」という意味で使う場合も、reasonable price「手ごろな価格」のように「手ごろな」という意味で使う場合もあります。reasonable「手ごろな」は日常生活でも頻繁に使います。

【派】reason（名）「理由、理性」、reasonably（副）「理性的に、ほどよく」

【類】inexpensive「(値段が) 安い」、moderate「(価格が) 手ごろな」

【例文】He was able to buy the automobile at a reasonable price.
訳：彼はその自動車を妥当な価格で買うことができました。

【参考】(2) available　(3) considerable

第34問の答え　(2) 会議

< convention >

[kənvénʃən]【名詞】会議、大会、因習

【解説】「コンベンションセンター」などのように、すでに日本語として使われています。conference も「会議」という意味ですが、convention のほうが規模が大きくなります。convention も conference も TOEIC にはよく出ます。

【派】convene（動）「(会議を) 開く、招集する」、conventional（形）「因習的な、型にはまった」

【類】congress「会議」、conference「会議」、assembly「集会」

【例文】United Nations representatives will attend a convention on global warming.
訳：国連の代表たちは、地球温暖化に関する代表者会議に出席します。

【参考】(1) parliament　(3) committee

第 35 問

< backlog >

この単語の、もっとも適切な日本語を選びなさい。

(1) 課題

(2) 残務

(3) 在庫

第 36 問

< fix >

この単語の、もっとも適切な日本語を選びなさい。

(1) 保管する

(2) 修理する

(3) 治療する

第35問の答え　（2）残務

< backlog >

[bǽklɔ̀g]【名詞】残務、受注残高

【解説】ビジネスで頻繁に使われる単語です。TOEICでは、パート(3)の「応答問題」、パート(4)の「会話問題」、パート(7)の「読解問題」で主に使われます。英語力があっても、メーカーなどで実際に仕事で使っている人以外は、意外に知らない単語です。覚えれば仕事で使えます。

【例文】Although it was a rush order, it could not be filled due to a backlog of previous orders.
訳：急ぎの注文でしたが、それ以前に受けた注文が残っていたために応じることができませんでした。

【参考】(1) assignment　(3) inventory

第36問の答え　（2）修理する

< fix >

[fíks]【動詞】修理する、固定する、決める

【解説】TOEICではパート(2)の「応答問題」や、パート(3)の「会話問題」で時々使われます。fixにrepair「修理する」と同じ意味があるということを知らない人がいます。TOEICでfixという単語が出る場合には、repairの意味で使われることが多いです。

【類】repair「修理する」、mend「修繕する」

【例文】He took his broken cell phone to the store to be fixed.
訳：彼は壊れた携帯電話を修理してもらうために、その店に持って行きました。

【参考】(1) store　(3) cure

第 37 問

< identification >

この単語の、もっとも適切な日本語を選びなさい。

(1) 組織

(2) 身分証明

(3) 分類

第 38 問

< insist >

この単語の、もっとも適切な日本語を選びなさい。

(1) 主張する

(2) 持続する

(3) 構成する

第 37 問の答え　　（2）身分証明

< identification >

[aidèntəfikéiʃən]【名詞】身分証明、同一化

【解説】パート(2)やパート(3)で、会社や研究室に入るのに「身分証明が必要」というような内容の英文が出ることが多く、その場合には使われる単語です。最近は時世を反映してphoto identification「写真付き身分証明書」という表現が使われます。

【派】identity（名）「身元」、identify（動）「身元を確認する」、identical（形）「同一の」

【例文】A form of picture identification is required to open a bank account.
訳：銀行口座を開設するには、写真付きの身分証明が必要です。

【参考】(1) organization　(3) classification

第 38 問の答え　　（1）主張する

< insist >

[insíst]【動詞】主張する、強く要求する

【解説】TOEIC ではパート(1)以外の全パートを通して使われる単語です。insist は自動詞なので、「～を主張する」という場合には insist on ～と、前置詞の on を使います。

【類】persist「主張する」

【例文】The vendor insisted that the client listen to their counter-offer before deciding.
訳：その業者は顧客に対して、自分たちの対案に耳を傾けた上で決定を下すべきだと主張しました。

【参考】(2) persist　(3) consist

第 39 問

< explore >

この単語の、もっとも適切な日本語を選びなさい。

(1) 励ます

(2) 探る

(3) 提案する

第 40 問

< hand out >

この熟語の、もっとも適切な日本語を選びなさい。

(1) 締め出す

(2) 発送する

(3) 配る

【2章 パート2・3によく出る単語・熟語】

第39問の答え　　　（2）探る

< explore >

[ikspló:*r*]【動詞】探る、探し出す、調査する、探検する

【解説】リスニングセクションのパート(3)の「会話問題」や、パート(4)の「説明文問題」で時々使われる単語です。TOEICでは「探し出す」という意味で使われることが多いです。

【派】exploration（名）「調査」

【類】inquire「調査する」、probe「精査する」

【例文】The company is exploring new opportunities in Brazil.
訳：その会社は、ブラジルで新たなビジネスチャンスを探しています。

【参考】(1) encourage　(3) suggest

第40問の答え　　　（3）配る

< hand out >

【熟語 / 慣用表現】配る、分配する、分け与える

【解説】日常生活でもビジネスでも、頻繁に使われる表現です。TOEICではパート(2)の「応答問題」で「資料を配る」などのような英文で使われることが多いです。パート(1)の「写真描写問題」で使われることもあります。

【類】distribute「配布する」

【例文】The protestors handed out fliers at the demonstration.
訳：抗議者たちはデモの際にビラを配りました。

【参考】(1) keep out　(2) send out

第 41 問

< postpone >

この単語の、もっとも適切な日本語を選びなさい。

(1) 終結させる

(2) 延期する

(3) 期限が切れる

第 42 問

< fill in >

この熟語の、もっとも適切な日本語を選びなさい。

(1) 記入する

(2) 提出する

(3) (電気のスイッチを)切る

第41問の答え　　(2) 延期する

< postpone >
[poustpóun]【動詞】延期する

【解説】リスニングセクションのパート(2)や(3)で「会議の日時を延期する」という話が出ることが多く、そのような英文で頻繁に使われる単語です。「会議の延期」に比べると出題頻度は下がりますが、やはりリスニングセクションのパート(2)や(3)で、「社内遠足で雨天の場合の延期」に関する話でpostpone が使われることもあります。

【類】put off「延期する」、defer「延期する」

【例文】They decided to postpone the meeting until next week.
訳：彼らは会合を来週まで延期することに決めました。

【参考】(1) terminate　(3) expire

第42問の答え　　(1) 記入する

< fill in >
【熟語 / 慣用表現】記入する

【解説】日常生活の中で何かに記入しなければならない状況は頻繁にあります。そういうときに使う熟語です。TOEIC では、特に、リスニングセクションのパート(2)や(3)の会話で使われることが多いです。

【類】fill out「(用紙に) 必要事項を記入する」、complete「全項目に記入する」

【例文】He filled in the application form for the credit card.
訳：彼はクレジットカードの申込書に記入しました。

【参考】(2) hand in　(3) turn off

第 43 問

< airfare >

この単語の、もっとも適切な日本語を選びなさい。

(1) 航空運賃

(2) 手荷物

(3) 手数料

第 44 問

< give a ride >

この熟語の、もっとも適切な日本語を選びなさい。

(1) 乗り物に乗る

(2) 車に乗せてあげる

(3) ドライブに行く

第43問の答え　(1) 航空運賃

< airfare >

[ɛ́ərfèər]【名詞】航空運賃

【解説】TOEIC ではリスニングセクションのパート(2)の「応答問題」でよく使われます。他にもパート(3)、(4)、(7)でも使われます。fare は「料金、運賃」という意味で日常的によく使う単語で、その fare の頭に air がついているので「航空運賃」と覚えるといいでしょう。

【類】train fare「電車賃」、bus fair「バス料金」、taxi fare「タクシー料金」

【例文】The airline with a large debt reduced its airfares in order to attract more business.
訳：多大な負債をかかえたその航空会社は、より多くの乗客を呼び込むために航空運賃を引き下げました。

【参考】(2) baggage　(3) commission

第44問の答え　(2) 車に乗せてあげる

< give a ride >

【熟語/慣用表現】車に乗せてあげる

【解説】give a ride のほかにも、need a ride など、名詞の ride「車に乗せること」を使った慣用表現は日常生活で頻繁に使われます。TOEIC ではパート(2)の「応答問題」で使われることが多いです。名詞の ride の意味がわかれば give a ride の意味は簡単に推測できますが、「乗る」という動詞としての意味しか知らない人が意外に多いです。

【例文】His coworker gave him a ride home from the office.
訳：同僚が彼をオフィスから家まで車で送りました。

【参考】(1) take a ride　(3) go for a ride

第 45 問

< occupation >

この単語の、もっとも適切な日本語を選びなさい。

(1) 雇用

(2) 職業

(3) 仕事

第 46 問

< physician >

この単語の、もっとも適切な日本語を選びなさい。

(1) 内科医

(2) 薬剤師

(3) 配管工

第 45 問の答え　　（2）職業

< occupation >

[àkjəpéiʃən]【名詞】職業、仕事、占有

【解説】リスニングセクションのパート(3)の「会話問題」の設問文に、What is the man's occupation?「その男性の職業は何ですか?」のように使われます。出入国の際に書かされる書類に occupation という欄があるので、知っている人は多いです。少し意味が違いますが似た単語で profession「専門的職業」が使われることもあります。

【派】occupy（動）「占領する」、occupancy（名）「占有」

【類】profession「職業」、vocation「職業」

【例文】On the credit card application, he listed his occupation as a "manager".
訳：クレジットカードの申込書に、彼は自分の職業を「管理職」と書きました。

【参考】（1）employment　（3）assignment

第 46 問の答え　　（1）内科医

< physician >

[fiziʃən]【名詞】内科医

【解説】TOEIC は問題文と選択肢の間で同じ意味を別の単語で言いかえることが多く、この単語も設問文で使われているのが doctor で、解答で使われている単語が physician、というように言いかえられている場合があります。逆に、設問文で physician が使われ、解答で doctor が使われることもあります。

【派】physical（形）「身体の」、physically（副）「身体的に」

【例文】The physician sees many patients every day.
訳：その内科医は、毎日大勢の患者を診察しています。

【参考】（2）pharmacist　（3）plumber

第 47 問

< acquaintance >

この単語の、もっとも適切な日本語を選びなさい。

(1) 知人

(2) 親戚

(3) 同僚

第 48 問

< job opening >

この単語の、もっとも適切な日本語を選びなさい。

(1) 仕事量

(2) 人事部

(3) 就職口

第 47 問の答え　　　　（1）知人

< acquaintance >
[əkwéintəns]【名詞】知人、面識

【解説】リスニングセクションのパート(2)の「応答問題」や、パート(3)の「会話問題」で時々使われます。パート(5)で過去に代名詞の問題で、acquaintance of mine「私の知人」という表現で mine を入れさせる問題として、この単語が使われたこともあります。

【派】acquaint（動）「知り合いにさせる」

【例文】An acquaintance of mine was just laid off by his company.
訳：私の知人の一人が、ついこの間、会社から一時解雇されました。

【参考】(2) relative　(3) colleague

第 48 問の答え　　　　（3）就職口

< job opening >
[dʒáb òupniŋ]【名詞】就職口、ポストの空き

【解説】パート(1)を除く全パートで、求人広告関連の英文が出ることが多く、そこで使われることが多い表現です。特に、TOEIC 改変以降、求人広告関連の英文の出題が増えています。

【例文】Our company has several job openings in the sales department.
訳：当社では営業部門で数名を募集しています。

【参考】(1) workload　(2) personnel department

第 49 問

< urgent >

この単語の、もっとも適切な日本語を選びなさい。

(1) 巨大な

(2) 緊急の

(3) 極端な

第 50 問

< aid >

この単語の、もっとも適切な日本語を選びなさい。

(1) 援助

(2) 装置

(3) 結果

【2章 パート2・3によく出る単語・熟語】 087

第49問の答え　　(2) 緊急の

< urgent >

[ə́:rdʒənt]【形容詞】緊急の、差し迫った

【解説】「緊急な問題」のことを urgent matter と言い、よく使います。リスニングセクションのパート(2)や(3)、リーディングセクションのパート(5)などで、urgent matter だけでなく urgent を使ったほかの表現も出ることがあります。覚えておくと会話で使えて便利です。

【派】urgently（副）「緊急に」、urgency（名）「緊急」

【類】pressing「緊急の、差し迫った」

【例文】They held an urgent meeting to discuss how to handle this sudden problem.
訳：彼らはこの突然起きた問題の対処方法について話し合うため、緊急会議を開きました。

【参考】(1) enormous　(3) extreme

第50問の答え　　(1) 援助

< aid >

[éid]【名詞】援助、助手、補助するもの

【解説】名詞の「援助」、動詞の「助ける」とともに、リスニングセクションのパート(2)の「応答問題」やパート(3)の「会話問題」で時々使われる単語です。日常生活でも頻繁に使われる単語で、すでに日本語のように使われています。

【例文】Our government provides financial aid to developing countries.
訳：わが国の政府は、発展途上国に資金援助を行っています。

【参考】(2) device　(3) outcome

第 51 問

< amount >

この単語の、もっとも適切な日本語を選びなさい。

(1) 割合

(2) 種類

(3) 量

第 52 問

< checkup >

この単語の、もっとも適切な日本語を選びなさい。

(1) 検査

(2) 請求書

(3) 説明

第 51 問の答え　　(3) 量

< amount >
[əmáunt]【名詞】量、金額

【解説】簡単な単語なので誰もが知っているはずです。TOEICでは全パートを通して使われます。amount of 〜「〜の量」の形で使われることが多いです。
【類】quantity「量」、volume「量」
【例文】They kept track of the amount of money they spent during their trip.
訳：彼らは旅行中に使った金額を記録しました。
【参考】(1) rate　(2) variety

第 52 問の答え　　(1) 検査

< checkup >
[tʃékʌ̀p]【名詞】検査、点検

【解説】medical checkup「健康診断」などのような表現で、パート(2)の「応答問題」を中心にリスニングセクションで使われることのある単語です。動詞の check を使った、check up「調べ上げる、検査をする」という表現も、パート(2)、(3)、(4)などで時々使われます。
【類】examination「検査」
【例文】He gets regular checkups at the dentist twice a year.
訳：彼は年に 2 度、歯科医院で定期検診を受けています。
【参考】(2) invoice　(3) description

第 53 問

< accumulate >

この単語の、もっとも適切な日本語を選びなさい。

(1) 蓄積する

(2) 軽減する

(3) 交替する

第 54 問

< inspection >

この単語の、もっとも適切な日本語を選びなさい。

(1) 保存

(2) アンケート

(3) 点検

第 53 問の答え　　（1）蓄積する

< accumulate >

[əkjú:mjəlèit]【動詞】蓄積する、積み上げる

【解説】日常的によく使う単語です。ビジネス関連では、accumulated debt「累積債務」や accumulated deficit「累積赤字」などに関する英文で使われます。TOEIC でもリスニングセクション、リーディングセクションそれぞれで時々出る単語です。
【派】accumulation（名）「蓄積」、accumulative（形）「蓄積する」
【例文】She has accumulated a lot of useful experience with the company.
訳：彼女はその会社で多くの有益な経験を積みました。
【参考】(2) alleviate　(3) alternate

第 54 問の答え　　（3）点検

< inspection >

[inspékʃən]【名詞】点検、検査、調査

【解説】リスニング、リーディングセクションともに使われますが、特にパート(4)での社内の設備の点検に関する放送や、パート(7)での施設や道路などの点検に関する文章で使われることがあります。
【派】inspect（動）「検査する」、inspector（名）「検査官」、inspectional（形）「検査の」
【類】examination「検査、調査」、survey「調査」
【例文】The quality control team performed an inspection of the factory.
訳：品質管理チームは、その工場の点検を行いました。
【参考】(1) preservation　(2) questionnaire

第 55 問

< dependable >

この単語の、もっとも適切な日本語を選びなさい。

(1) 入手しやすい

(2) 信頼できる

(3) かなりの

第 56 問

< glance >

この単語の、もっとも適切な日本語を選びなさい。

(1) ちらっと見る

(2) 同封する

(3) 目撃する

【2章 パート2・3によく出る単語・熟語】 093

第55問の答え (2) 信頼できる

< dependable >

[dipéndəbl]【形容詞】信頼できる、頼りになる

【解説】reliable と同じ意味です。TOEIC では問題文と選択肢の間で同じ意味の別の単語に言いかえられることが多く、dependable は reliable に言いかえられることが多いです。リスニングセクションではパート(2)や(3)、リーディングセクションではパート(7)で使われることが多いです。

【例文】A dependable worker always fulfills his responsibilities.
訳：信頼のおける人材は、常に自分の責任を全うします。

【参考】(1) affordable (3) considerable

第56問の答え (1) ちらっと見る

< glance >

[glǽns]【動詞】ちらっと見る、さっと目を通す

【解説】リスニングセクションのパート(2)や(3)の会話で使われることが多いです。日常会話では「人やまわりをちらっと見る」際に使われることが多いですが、TOEIC では「書類などをちらっと見る」という意味で使われることのほうが多いです。

【類】skim「さっと目を通す」

【例文】He glanced at the headlines instead of reading the articles.
訳：彼は記事を読むのではなく、見出しにさっと目を通しました。

【参考】(2) enclose (3) witness

第 57 問

< reminder >

この単語の、もっとも適切な日本語を選びなさい。

(1) 思い出させるもの

(2) 認識

(3) 風評

第 58 問

< gathering >

この単語の、もっとも適切な日本語を選びなさい。

(1) 収集

(2) 集まり

(3) 環境

第57問の答え　(1) 思い出させるもの

< reminder >

[rimáində]【名詞】思い出させるもの、メモ

【解説】パート(2)や(3)の会話で使われることが多いですが、パート(5)で語彙問題として出題されたこともあります。仕事などでアポイントメントがある場合に、前々日や前日に確認の電話やメールを送ることがありますが、これらを reminder「思い出させるもの」と言います。外資系企業では半ば日本語として使われている単語です。

【派】remind（動）「思い出させる」

【例文】He wrote himself a reminder to call the client back after the meeting.
訳：彼は、会議のあとで取引先に折返し電話するのを忘れないよう、メモしておきました。

【参考】(2) recognition　(3) rumor

第58問の答え　(2) 集まり

< gathering >

[gǽðəriŋ]【名詞】集まり

【解説】会話でよく使う単語です。TOEIC でもリスニングセクションのパート(2)の「応答問題」や、パート(3)の「会話問題」で、「〜時から集まりがある」、などのような英文で使われることがあります。この単語を知らなくても、動詞の gather「集まる」を知っていれば推測できます。

【例文】After the conference is over, there will be a gathering to honor the main speakers.
訳：会議終了後に、メインスピーカーを讃えるための集まりが開かれます。

【参考】(1) collection　(3) surroundings

第 59 問

< plumber >

この単語の、もっとも適切な日本語を選びなさい。

(1) 機械工

(2) 配管工

(3) 電気工

第 60 問

< vacant >

この単語の、もっとも適切な日本語を選びなさい。

(1) 抽象的な

(2) 迅速な

(3) 空いている

【2章 パート2・3によく出る単語・熟語】 097

第59問の答え　（2）配管工

< plumber >
[plʎmər]【名詞】配管工、水道業者

【解説】リスニングセクションのパート (3) で時々使われる単語です。知らない人が結構いますが、TOEIC 改変前から定期的に出ていましたし、現在も出ています。plumber は「配管工」という意味なので、sink「流し（台）」や pipe「パイプ」などの単語が一緒に出ることが多いです。リスニングセクションで出ることが大半なので、発音もマスターしておきましょう。「b」の音は発音されません。

【例文】They called a plumber to fix the leaky faucet.
訳：彼らは水漏れする蛇口を直すために、配管工に電話しました。

【参考】(1) mechanic　(3) electrician

第60問の答え　（3）空いている

< vacant >
[véikənt]【形容詞】空いている、空席の

【解説】vacant は日常会話では「（部屋が）空いている」という意味でよく使われます。TOEIC ではそれ以外に、仕事の「（ポジションが）空いている」という意味でも使われることがあります。求人関連の英文はパート (1) 以外の全パートを通してよく出るので、そのような英文で vacant が使われることがあります。

【派】vacancy（名）「空き、欠員」、vacate（動）「明け渡す」
【例文】There are no vacant rooms available at this hotel.
訳：このホテルには空室がありません。
【参考】(1) abstract　(2) prompt

第 61 問

< reduce >

この単語の、もっとも適切な日本語を選びなさい。

(1) 生産する

(2) 削減する

(3) 誘発する

第 62 問

< traffic congestion >

この単語の、もっとも適切な日本語を選びなさい。

(1) 信号機

(2) 車線

(3) 交通渋滞

第 61 問の答え　　（2）削減する

< reduce >

[ridjú:s]【動詞】削減する、縮小する、減少する

【解説】リスニングセクションのパート(2)やリーディングセクションのパート(5)で reduce noise という表現が出ることがあります。これ以外でも両セクションを通して時々使われる単語です。生産の削減や、輸入の削減など、ビジネスで頻繁に使われる単語です。最近の TOEIC はビジネス関連の内容にシフトしているため、ビジネスで頻繁に使われる単語はテストにもよく使われます。
【派】reduction（名）「削減、割引」、reductive（形）「減少する」
【類】decrease「減少する」、lower「削減する」
【例文】Countries are required by the Kyoto Protocol to reduce carbon dioxide emissions.
訳：京都議定書によって各国は二酸化炭素排出量の削減を求められています。
【参考】(1) produce　(3) induce

第 62 問の答え　　（3）交通渋滞

< traffic congestion >

[trǽfik kəndʒéstʃən]【名詞】交通渋滞

【解説】パート(2)の「応答問題」で、会議に遅刻したり、出社時刻に遅れたりする理由を「交通渋滞があったから」と答える場合に使われるのが traffic congestion や be stuck in the traffic という表現です。パート(1)の「写真描写問題」で交通渋滞の写真が出ることがあり、そこで使われることもあります。
【例文】There is a lot of traffic congestion due to construction.
訳：工事のために大規模な交通渋滞が発生しています。
【参考】(1) traffic light　(2) traffic lane

第 63 問

< carry out >

この熟語の、もっとも適切な日本語を選びなさい。

(1) 実行する

(2) もたらす

(3) 取り出す

第 64 問

< patient >

この単語の、もっとも適切な日本語を選びなさい。

(1) 患者

(2) 顧客

(3) 研修生

第 63 問の答え　　（1）実行する

< carry out >
【熟語 / 慣用表現】(計画などを)実行する

【解説】行為や計画などを実行する場合に使うことが多く、覚えておけば仕事で便利に使えます。TOEIC ではリスニングセクションのパート(2)、(3)、(4)で使われることが多いです。
【例文】Due to his illness, the politician is no longer able to carry out his duties.
訳：病気のため、その政治家はこれ以上務めを果たすことができません。
【参考】(2) bring about　(3) take out

第 64 問の答え　　（1）患者

< patient >
[péiʃənt]【名詞】患者、病人

【解説】パート(1)の「写真描写問題」で医者が患者を診察している写真が出ることがあり、その際にこの単語が使われることがあります。ほかにもパート(2)や(3)で病院や歯医者への電話の英文が出ることがあり、そこでも使われる単語です。
【例文】The doctor treats patients with heart disease.
訳：その医者は心臓疾患の患者を治療します。
【参考】(2) client　(3) trainee

第 65 問

< solution >

この単語の、もっとも適切な日本語を選びなさい。

(1) 解決

(2) 応用

(3) 献身

第 66 問

< convince >

この単語の、もっとも適切な日本語を選びなさい。

(1) 保証する

(2) 説得する

(3) 納得させる

【2章 パート2・3によく出る単語・熟語】

第65問の答え　（1）解決

< solution >

[səlúːʃən]【名詞】解決、解決法、解答 溶液

【解説】リスニングセクションではパート(2)、(3)、(4)、リーディングセクションではパート(7)で使われる単語です。日常会話でもビジネスでも頻繁に使われる単語なので覚えておきましょう。

【例文】They negotiated for hours before finding a solution agreeable to both sides.
訳：彼らは双方が同意できる解決策を見出すまで、何時間も協議しました。

【参考】(2) application　(3) dedication

第66問の答え　（3）納得させる

< convince >

[kənvíns]【動詞】納得させる、説得する

【解説】他動詞の受身形 be convinced の形で使われることが多いです。リスニングセクションのパート(3)の「会話問題」や(4)の「説明文問題」で使われることが多い単語です。日常生活でも頻繁に使われるため、使い方を覚えておくと便利です。

【例文】The client is not convinced that our products are safe to use.
訳：その顧客は当社の製品が安全に使用できることを確信していません。

【参考】(1) assure　(2) persuade

第67問

< unit >

この単語の、もっとも適切な日本語を選びなさい。

(1) 量

(2) 構成単位

(3) 程度

第68問

< grab >

この単語の、もっとも適切な日本語を選びなさい。

(1) つかむ

(2) 保持する

(3) 貯蔵する

【2章 パート2・3によく出る単語・熟語】

第 67 問の答え　　（2）構成単位

< unit >

[júːnit]【名詞】構成単位

【解説】車やコンピューターなどの台数を数える際に unit を使います。リスニングセクションのパート(2)、(3)、(4)で使われることが多い単語です。リーディングセクションのパート(7)の「読解問題」でも、per unit「単位あたり」という表現で使われることがあります。覚えれば仕事で便利に使えます。
【例文】The product is selling for $100 per unit.
訳：その製品は単価 100 ドルで販売されています。
【参考】(1) amount　(3) degree

第 68 問の答え　　（1）つかむ

< grab >

[grǽb]【動詞】つかむ、ひったくる

【解説】日常会話で頻繁に使う簡単な単語なので知らない人は少ないでしょう。パート(2)の「応答問題」やパート(3)の「会話問題」で使われることが多く、パート(7)の「読解問題」ではイベントに関する問題などで使われることがあります。
【類】grasp「握る」
【例文】The thief grabbed her purse and ran away.
訳：泥棒は彼女の財布をひったくって走り去りました。
【参考】(2) retain　(3) store

第 69 問

< relieved >

この単語の、もっとも適切な日本語を選びなさい。

(1) ほっとした

(2) うんざりさせる

(3) 不変の

第 70 問

< in the event of >

この熟語の、もっとも適切な日本語を選びなさい。

(1) 〜の方向に

(2) 〜がないので

(3) 〜の場合には

【2章 パート2・3によく出る単語・熟語】 107

第69問の答え　（1）ほっとした

< relieved >
[rilí:vd]【形容詞】ほっとした、安心した

【解説】日常会話で頻繁に使う単語です。TOEIC でもパート(2)や(3)の会話で使われることが多いです。名詞は relief ですが、形容詞の relieved のほうがよく出ます。
【派】relieve（動）「安心させる」、relief（名）「安心」
【例文】He was relieved to hear that the factory would not be closed.
訳：彼は工場が閉鎖されないと聞いてほっとしました。
【参考】（2）boring　（3）constant

第70問の答え　（3）～の場合には

< in the event of >
【熟語 / 慣用表現】～の場合には

【解説】日常会話でも仕事でもよく使う表現で、TOEIC にも時々出ます。in the case of ～と同じ意味です。後ろに節が続く場合には in the event that ～と接続詞の that を使います。
【例文】In the event of a fire, please do not use the elevators.
訳：火災の場合には、エレベーターはご使用にならないでください。
【参考】（1）in the direction of　（2）in the absence of

第71問

< make up for >

この熟語の、もっとも適切な日本語を選びなさい。

(1) ～の埋め合わせをする

(2) ～に遅れずについていく

(3) ～を利用する

第72問

< registration >

この単語の、もっとも適切な日本語を選びなさい。

(1) 主題

(2) 登録

(3) 参加

[2章 パート2・3によく出る単語・熟語]

第71問の答え (1) ～の埋め合わせをする

< make up for >

【熟語 / 慣用表現】～の埋め合わせをする、償う

【解説】日常会話で頻繁に使う表現で、リスニングセクションの会話問題で使われることが多いです。TOEIC 改変前にはパート (5) で熟語問題として出題されたこともありますが、改変後は出ていません。

【例文】He made up for his sick days by coming to work over the weekend.
訳：彼は週末に出勤して、病欠した日数の埋め合わせをしました。

【参考】(2) keep up with (3) take advantage of

第72問の答え (2) 登録

< registration >

[rèdʒəstréiʃən]【名詞】登録、書留

【解説】TOEIC 全般を通して時々出る単語です。何かをするのに「事前の登録が必要だ」とか、「登録料を支払う必要がある」などのような英文で出ることが多いです。「登録料」のことは registration fee と言います。一緒に覚えましょう。

【派】register（動）「登録する、書留にする」、registered（形）「登録された、書留の」

【類】enrollment「(受講などの) 登録」

【例文】Motorists are required to pay a fee for the registration of their vehicle.
訳：ドライバーは、所有する自動車の登録料を払わなければなりません。

【参考】(1) theme (3) participation

第73問

< admission >

この単語の、もっとも適切な日本語を選びなさい。

(1) 検査

(2) 入場料

(3) 組織

第74問

< suspend >

この単語の、もっとも適切な日本語を選びなさい。

(1) 一時停止する

(2) 拡大する

(3) ふりをする

第73問の答え　（2）入場料

< admission >

[ədmíʃən]【名詞】入場料、入場許可、入場、入学、承認

【解説】日常生活でよく使う単語ですが、TOEICではリスニングセクションで使われることが多いです。リーディングセクションパート（7）の「読解問題」では、イベントなどの話でadmission fee「入場料」という表現が出ることもあります。
【派】admit（動）「許す、（入場・入学を）許可する」
【例文】The admission fee for the theme park is fifty dollars.
訳：そのテーマパークの入場料は50ドルです。
【参考】（1）inspection　（3）organization

第74問の答え　（1）一時停止する

< suspend >

[səspénd]【動詞】一時停止する、延期する

【解説】パート（4）の「説明文問題」や、パート（7）の「読解問題」で出ることのある単語です。建設工事などのような作業の一時中止や、プロジェクトなどの一時中止などを説明する英文で使われることが多いです。
【派】suspension（名）「一時停止」
【類】interrupt「中断する」
【例文】After the accident at the construction site, work was suspended.
訳：その建設現場での事故の後、作業は一時中止されました。
【参考】（2）expand　（3）pretend

第 75 問

< launch >

この単語の、もっとも適切な日本語を選びなさい。

(1) 贈る

(2) 延長する

(3) 始める

第 76 問

< renovate >

この単語の、もっとも適切な日本語を選びなさい。

(1) 改装する

(2) 破壊する

(3) 家具を備え付ける

第75問の答え　（3）始める

< launch >

[lɔ́:ntʃ]【動詞】始める、売り出す

【解説】リスニングセクションではパート(3)、(4)、リーディングセクションではパート(7)で使われることがある単語です。ビジネスで頻繁に使う単語で、何かのプロジェクトや仕事を始める場合によく使います。覚えておけば仕事で使えます。

【例文】The project which was in the planning stage for two years will be launched next month.

訳：2年間計画段階にあったそのプロジェクトが、来月始まります。

【参考】（1）present （2）prolong

第76問の答え　（1）改装する

< renovate >

[rénəvèit]【動詞】改装する、リフォームする

【解説】主に、リスニングセクションではパート(3)、(4)、リーディングセクションではパート(7)で使われます。オフィスビルの改装などに関する英文で使われることが多いです。

【派】renovation（名）「改装」

【例文】The landlord renovated the building before offering it for rent.

訳：大家は賃貸に出す前に、そのビルを改装しました。

【参考】（2）destroy （3）furnish

第 77 問

< inspect >

この単語の、もっとも適切な日本語を選びなさい。

(1) 疑う

(2) 検査する

(3) 探す

第 78 問

< classify >

この単語の、もっとも適切な日本語を選びなさい。

(1) 取り替える

(2) 分類する

(3) 修正する

【2章 パート2・3によく出る単語・熟語】

第77問の答え　（2）検査する

< inspect >

[inspékt]【動詞】検査する、点検する、視察する

【解説】動詞の inspect「検査する、点検する」も名詞の inspection「検査、点検」も、リスニングセクションのパート(2)や(3)で時々使われる単語です。「機械類の点検」に関する話で使われることが多いです。また、リーディングセクションではパート(7)の「読解問題」でも使われることがあります。

【派】inspection（名）「検査」、inspector（名）「調査官」

【例文】The contents of the package are being inspected by customs officers.

訳：その小包の中味は税関職員によって検査されています。

【参考】(1) suspect　(3) search

第78問の答え　（2）分類する

< classify >

[klǽsəfài]【動詞】分類する

【解説】リスニングセクションではパート(3)や(4)、リーディングセクションでは主にパート(7)で使われる単語です。また、パート(5)の語彙問題で誤答としてこの単語が使われることもあります。

【派】class（名）「部類」、classified（形）「分類された」

【類】categorize「分類する」

【例文】The catalog classifies our products into six different categories.

訳：カタログでは当社の製品を6種類に分類しています。

【参考】(1) replace　(3) modify

第 79 問

< plug >

この単語の、もっとも適切な日本語を選びなさい。

(1) 繁栄する

(2) (プラグを)差し込む

(3) 住む

第 80 問

< scissors >

この単語の、もっとも適切な日本語を選びなさい。

(1) ハサミ

(2) 引き出し

(3) ホチキス

第79問の答え (2) (プラグを)差し込む

< plug >

[plʌg]【動詞】(プラグを)差し込む

【解説】リスニングセクションのパート(2)の「応答問題」で使われることが多い単語です。「コンピューターがつかないんだけど壊れたのかしら」というような問いかけに対して、「プラグが差し込まれているかどうか確認してごらん」という内容の応答が正答として使われることがあります。

【例文】She plugged the toaster into the electrical outlet.
訳：彼女はトースターのプラグをコンセントに差し込みました。

【参考】(1) thrive (3) reside

第80問の答え (1) ハサミ

< scissors >

[sízərz]【名詞】ハサミ

【解説】TOEICのリスニングセクションでの会話、特にパート(2)と(3)では、ハサミ（scissors）やホチキス（stapler）などの文房具を探しているような話が出ることがあります。文房具の中でもハサミとホチキスは要注意です。

【例文】He cut out the coupon with a pair of scissors.
訳：彼はクーポン券をハサミで切り取りました。

【参考】(2) drawer (3) stapler

第81問

< diagnosis >

この単語の、もっとも適切な日本語を選びなさい。

(1) 処方箋

(2) 診断

(3) 検査

第82問

< sink >

この単語の、もっとも適切な日本語を選びなさい。

(1) 流し

(2) 蛇口

(3) 下水

第 81 問の答え　　（2）診断

< diagnosis >

[dàiəgnóusis]【名詞】診断、診察

【解説】パート(2)、(3)やパート(7)などで使われる単語です。リスニングセクションでは、病院や薬局など医療関連の英文が時々出ます。パート(7)の「読解問題」で出る場合は、処方箋に関する英文で使われる場合が多いです。

【派】diagnose（動）「診断する」、diagnostic（形）「診断の」

【例文】The doctor gave his diagnosis of the patient's condition to his family.
訳：医者は患者の容態についての診断結果を家族に伝えました。

【参考】(1) prescription　(3) checkup

第 82 問の答え　　（1）流し

< sink >

[síŋk]【名詞】流し

【解説】パート(3)の「会話問題」で、「流しやパイプが壊れているから、配管工を呼ばなければならない」という話が出ることがあります。TOEICでは、sink「流し」は plumber「配管工」と同じ英文で使われることが多いので、sink と plumber は一緒に覚えておきましょう。

【例文】The kitchen sink is filled with dirty dishes.
訳：台所の流しは汚れた皿でいっぱいです。

【参考】(2) tap　(3) sewage

第 83 問

< mark down >

この熟語の、もっとも適切な日本語を選びなさい。

(1) 値下げする

(2) 書き留める

(3) 断る

第 84 問

< take over >

この熟語の、もっとも適切な日本語を選びなさい。

(1) 調べる

(2) 車を道の脇に寄せる

(3) 引き継ぐ

第83問の答え　（1）値下げする

< mark down >
【熟語 / 慣用表現】値下げする

【解説】リスニングセクションのパート(2)、(3)、(4)、リーディングセクションのパート(7)で、セールに関する話が出ることがあり、そこで使われることがある単語です。reduce prices で言いかえることができます。

【例文】During the sale, the prices of all items were marked down by ten percent.
訳：セール期間中は、全商品の価格が10％引き下げられました。

【参考】(2) write down　(3) turn down

第84問の答え　（3）引き継ぐ

< take over >
【熟語 / 慣用表現】引き継ぐ、代わりを務める、支配する、買収する

【解説】リスニングセクションのパート(2)、(3)で使われる場合は「引き継ぐ」という意味で使われることが多く、リスニングセクションのパート(4)やリーディングセクションのパート(7)で使われる場合はM&A関連の英文で使われることが多く、したがって「買収する」という意味で使われることが多いです。ビジネスで頻繁に使われる表現なので、覚えておくと仕事で使えます。

【例文】While the reporter was in the hospital, the editor asked the new employee to take over the reporter's duties.
訳：編集者はその記者が入院している間、新入社員に代わりを務めるよう頼みました。

【参考】(1) go over　(2) pull over

第 85 問

< relocate >

この単語の、もっとも適切な日本語を選びなさい。

(1) 要求する

(2) 修理する

(3) 移転する

第 86 問

< findings >

この単語の、もっとも適切な日本語を選びなさい。

(1) 調査結果

(2) 査定

(3) 回答者

第85問の答え　　(3) 移転する

< relocate >
[rilóukeit]【動詞】移転する、移住させる

【解説】リスニングセクションのパート(2)や(3)で会社の移転の話が出ることがあり、そのような英文で使われることがある単語です。また、リーディングセクションのパート(7)で、求人広告に応募する人の手紙やメールで、「転居する予定がありその転居先の地域にある求人広告に応募した」という内容の手紙やメールの中で使われることもあります。

【派】relocation（名）「移転」

【例文】The company has relocated its headquarters to Nagoya.
訳：その会社は本社を名古屋に移転しました。

【参考】(1) require　(2) repair

第86問の答え　　(1) 調査結果

< findings >
[fáindiŋz]【名詞】調査結果、結果、発見、発見物

【解説】リスニングセクションではパート(3)の「会話問題」で、リーディングセクションではパート(7)の「読解問題」で出ることがあります。知らない人も多いですが、find という動詞からその意味を推測することができます。ビジネスではよく使う単語なので、覚えておくと便利です。

【例文】In order to plan its advertising campaign, the cosmetics company used the findings of the market research company.
訳：その化粧品会社は、広告キャンペーンの計画を立てるために、市場調査会社の調査結果を利用しました。

【参考】(2) assessment　(3) respondent

124

第 87 問

< mover >

この単語の、もっとも適切な日本語を選びなさい。

(1) 国際宅配便

(2) 引越し業者

(3) 土地開発業者

第 88 問

< clue >

この単語の、もっとも適切な日本語を選びなさい。

(1) 問題

(2) 解決策

(3) 手がかり

第87問の答え　（2）引越し業者

< mover >

[múːvər]【名詞】引越し業者

【解説】パート(2)の「応答問題」やパート(3)の「会話問題」で引越しに関する話が時々出ますが、そのような話の中でこの単語が使われることがあります。パート(2)や(3)以外で使われることはほとんどなく、知らない人が多い単語です。
【派】move（動）「引っ越す」、movement（名）「移動」
【例文】The movers were careless in handling my fragile items.
訳：引越し業者は私の壊れやすい荷物をぞんざいに扱いました。
【参考】(1) courier　(3) developer

第88問の答え　（3）手がかり

< clue >

[klúː]【名詞】手がかり、ヒント

【解説】リスニングセクションでの会話で使われることがありますが、頻出単語ではありません。日常的によく使われる単語です。
【類】cue「手がかり」
【例文】Police have uncovered an important clue in their investigation.
訳：警察は捜査過程で重要な手がかりを発見しました。
【参考】(1) matter　(2) solution

第89問

< obtain >

この単語の、もっとも適切な日本語を選びなさい。

(1) 問い合わせる

(2) 手に入れる

(3) 高める

第90問

< expose >

この単語の、もっとも適切な日本語を選びなさい。

(1) さらす

(2) 疲れさせる

(3) 解決する

第89問の答え　(2) 手に入れる

< obtain >

[əbtéin]【動詞】手に入れる、取得する

【解説】リスニングセクションのパート(2)の「応答問題」や、(3)の「会話問題」、またリーディングセクションではパート(7)の「読解問題」で使われることがあります。
【派】obtainable（形）「入手可能な」
【類】acquire「手に入れる」、attain「獲得する」
【例文】It is necessary to obtain a license to operate a forklift.
訳：フォークリフトを運転するには、免許を取得する必要があります。
【参考】(1) inquire　(3) enhance

第90問の答え　(1) さらす

< expose >

[ikspóuz]【動詞】さらす、露出する

【解説】exposed to ~「~にさらす」の形で出ることが多いです。名詞の exposure「さらすこと、暴露」とともにパート(3)、(4)、(7)で使われることがありますが、使用頻度は高くありません。
【派】exposure（名）「露出、発覚、暴露」
【例文】Skin that is exposed to the sun for too long can develop cancer.
訳：あまりに長い時間、太陽にさらされた肌はがんになる可能性があります。
【参考】(2) exhaust　(3) resolve

128

自作解説

TOEIC TEST リーディングの鉄則
講談社インターナショナル 2007 年 2 月

　本書では、リーディングセクションの攻略法を具体的に示しています。前半はパート（5）対策である文法頻出事項を、後半は TOEIC 改変以降問題数が増え、新たにダブルパッセージ問題も加わり難しくなったパート（7）の解法について、詳しく説明しています。

　パート（5）全体のおよそ半分は語彙・熟語問題で、残りの半分が文法問題になります。文法問題は出題数の半分でしかありませんが、語彙・熟語問題に比べ出題問題の対策を行っていれば確実にできます。

　前半の「文法編」では、出題項目ごとに 15 に分け、それぞれに TOEIC での出題のされ方やポイントを説明し、その後でその項目の文法の基本事項を説明し、項目ごとに練習問題を 5 問ずつ掲載しています。「何の問題がどのような形で出題されているか」ということを理解するためのものなので、問題数は多くありません。もっと多くの問題を解きたい、という方は、祥伝社黄金文庫の『1 日 1 分レッスン！』シリーズを併用するといいでしょう。

自作解説

　この本で特にお勧めしたいのは、後半部分の「長文編」です。改変以降重要度を増した、パート (7) の長文読解問題の攻略方法について詳しく説明しています。パート (7) は改変以降読まなければならない英文の量も増え、ビジネスがらみの表を扱った問題なども登場しています。単なる受験問題のような「英文読解問題」ではなく、英語を使った情報収集力を測るテストの様相も見せています。

　したがって、スキミングとよばれる手法を取り入れて必要な情報を探す力も必要になってきています。

　本書ではスキミングの方法も交え、具体的にどのようにして情報を探す読み方をすればいいのかを説明しています。問題も付いていますが、中級者・上級者向けのもので少し難しいです。問題が難しいなあと思う方は、まず、本書「長文編」に記載の8つの攻略法を読み、それらが理解できたら、その方法を頭に入れた上で『新公式問題集VOL1～3』を解いて練習するといいでしょう。

3章

パート4によく出る単語・熟語

【パート4】

リスニングセクション、パート4の「説明文問題」によく出る単語・熟語を集めました。

これまでのパートに比べると、難しめの単語やビジネスで使われる単語も多くふくまれています。

第1問

< worsen >

この単語の、もっとも適切な日本語を選びなさい。

(1) 賞賛する

(2) 悪化させる

(3) 組み込む

第2問

< degree >

この単語の、もっとも適切な日本語を選びなさい。

(1) 学位

(2) 気温

(3) 手段

【3章 パート4によく出る単語・熟語】133

第1問の答え　（2）悪化させる

< worsen >

[wə́ːrsn]【動詞】悪化させる、悪化する

【解説】bad の比較級である worse は誰もが知る単語で、worsen という単語を知らなくても、ある程度意味は推測できるでしょう。「業績が悪化する」「2国間の関係が悪化する」など政治経済に関する英文でよく使われる単語なので、TOEIC にも時々使われます。

【派】worse（形）「より悪い」

【類】deteriorate「悪化する」

【例文】Foreign sales were worsened by the unfavorable foreign exchange rate.

訳：不利な為替レートにより、海外売上高が悪化しました。

【参考】(1) admire　(3) incorporate

第2問の答え　（1）学位

< degree >

[digríː]【名詞】学位、程度、(角度や温度などの)度

【解説】パート(7)を中心に求人広告関連の英文が出ることが多く、求人広告が出ると、応募要件に「〜の学位を持っていること」のような内容がある場合が多いです。その際に使われる単語です。degree には他にも「程度」という意味があり、その意味でも時々出ることがあります。パート(7)だけでなく、パート(2)やパート(4)などでも使われます。

【例文】She has a bachelor's degree in international business.

訳：彼女は国際ビジネスの学士号を持っています。

【参考】(2) temperature　(3) measures

第3問

< requirement >

この単語の、もっとも適切な日本語を選びなさい。

(1) 主義

(2) 要望

(3) 慣習

第4問

< delighted >

この単語の、もっとも適切な日本語を選びなさい。

(1) がっかりさせる

(2) 喜んでいる

(3) 恥じている

第3問の答え　(2) 要望

< requirement >

[rikwáiərmənt]【名詞】要望、必要条件、要求、資格

【解説】ビジネスで頻繁に使う単語なので、全体を通してよく出ます。パート(5)では meet requirements「条件を満たす」の meet を問う問題としても出題されています。TOEIC に頻出の求人広告では、応募要件のことを qualifications と言いますが、requirements と言う場合もあります。
【派】require（動）「必要とする、要求する」、required（形）「必須の」
【類】condition「条件、規定」、requisite「必要条件」
【例文】This visa application form must be filled out according to the requirements.
訳：このビザ申請用紙は決められたとおりに記入する必要があります。
【参考】(1) principle　(3) custom

第4問の答え　(2) 喜んでいる

< delighted >

[diláitid]【形容詞】喜んでいる

【解説】日常会話でもビジネスのメールや手紙でも頻繁に使う表現に、be delighted to ～「喜んで～する」があります。リスニングセクション、リーディングセクションともに時々使われます。特にパート(4)の「説明文問題」、パート(6)の「長文穴埋め問題」、パート(7)の「読解問題」で使われることが多いです。
【派】delight（動）（名）「喜ばせる、喜び」、delightedly（副）「喜んで」
【類】pleased「喜んでいる」
【例文】She was delighted to hear that she would be promoted.
訳：彼女は自分が昇進すると聞いて喜びました。
【参考】(1) discouraging　(3) ashamed

第5問

< spectator >

この単語の、もっとも適切な日本語を選びなさい。

(1) 聴衆

(2) 群衆

(3) 観客

第6問

< improve >

この単語の、もっとも適切な日本語を選びなさい。

(1) 改善する

(2) 成功する

(3) 超える

第5問の答え　　（3）観客

< spectator >

[spékteitər]【名詞】観客、見物人、傍聴人

【解説】パート(1)の「写真描写問題」で時々使われる単語です。ほかにもパート(4)の「説明文問題」や、パート(7)の「読解問題」でも使われます。
【派】spectate（動）「(スポーツを) 観戦する」、spectacular（形）「見せ物の、見事な」
【例文】The spectators at the soccer match cheered for their favorite players.
訳：サッカーの観客たちは、お気に入りの選手に声援を送りました。
【参考】(1) audience　(2) crowd

第6問の答え　　（1）改善する

< improve >

[imprú:v]【動詞】改善する、向上させる、好転する

【解説】日常会話でもビジネスでも頻繁に使う単語なので、TOEICでも全般を通して使われます。動詞のmakeを使った慣用表現で頻繁に使われるのが「make improvements」で、動詞のimproveと全く同じ意味です。make improvementsは過去に数度、パート(5)の「短文穴埋め問題」に出題されています。
【派】improvement（名）「改善、改善点」
【類】enhance「(機能を) 高める」
【例文】The company wants to improve the operating speed of its processors.
訳：その会社は、自社のコンピューター処理装置の作業速度を改善したいと思っています。
【参考】(2) succeed　(3) exceed

第7問

< negotiate >

この単語の、もっとも適切な日本語を選びなさい。

(1) 交渉する

(2) 解決する

(3) 評価する

第8問

< investment >

この単語の、もっとも適切な日本語を選びなさい。

(1) 投資

(2) 回収

(3) 投機

第7問の答え　　　（1）交渉する

< negotiate >

[nigóuʃièit]【動詞】交渉する、取り決める

【解説】ビジネス必須単語なので、TOEIC でも全般を通してよく出ます。名詞の negotiation「交渉」、形容詞の negotiable「交渉の余地がある」も出ることがあるので、一緒に覚えましょう。これらはすべて半分日本語のようになって使われているため、知っている人が大半だと思います。

【派】negotiator（名）「交渉者」、negotiation（名）「交渉」、negotiable（形）「交渉可能な」

【類】settle「決着をつける」、bargain「交渉して決める」

【例文】He must negotiate the price with the client.
訳：彼は顧客と価格の交渉をしなければなりません。

【参考】(2) resolve　(3) assess

第8問の答え　　　（1）投資

< investment >

[invéstmənt]【名詞】投資、出資金

【解説】最近の TOEIC は内容がビジネス寄りにシフトしているので、投資関連の話が出ることもあります。リスニングセクション全般、特にパート(4)の「説明文問題」やパート(7)の「読解問題」で出ることが多いです。日本でも投資関連の会社の社名に使われたりしているので、知っている人が大半だと思います。

【派】invest（動）「投資する」、investor（名）「投資家」

【例文】My broker gives me good advice on investments.
訳：私のブローカーは投資に関してよい助言をしてくれます。

【参考】(2) collection　(3) speculation

第 9 問

< bound for >

この熟語の、もっとも適切な日本語を選びなさい。

(1) ～に献身して

(2) ～行きの

(3) ～は別にして

第 10 問

< release >

この単語の、もっとも適切な日本語を選びなさい。

(1) 公表する

(2) 組み立てる

(3) 購入する

【3章 パート4によく出る単語・熟語】 141

第9問の答え　（2）～行きの

< bound for >

【熟語 / 慣用表現】～行きの、～する運命にある

【解説】リスニングセクションのパート (2) やパート (4) で使われることがある熟語です。パート (4) で出る場合は、飛行機や電車が「～行きである」という、駅や機内 / 車内でのアナウンスで使われます。日本でも電車の中の英語のアナウンスを注意して聞くと This train is bound for ～ . という言い方で使われていることが多いです。

【例文】The train on track 7 is bound for Tokyo Station.
訳：7番線の列車は東京駅行きです。

【参考】（1）dedicated to　（3）aside from

第10問の答え　（1）公表する

< release >

[rilí:s]【動詞】公表する、公開する、解き放つ、発売する

【解説】リスニングセクションのパート (3) やパート (4)、リーディングセクションのパート (7) で時々使われる単語です。特に、ビジネス関連のレポート発表などに関する英文で使われることが多いです。パート (5) で語彙問題として出題されたこともあります。

【例文】The company's annual report should be released next week.
訳：その会社のアニュアルレポートは来週発表されるはずです。

【参考】（2）compose　（3）purchase

第 11 問

< fund >

この単語の、もっとも適切な日本語を選びなさい。

(1) 資金

(2) 通貨

(3) 財務

第 12 問

< competitor >

この単語の、もっとも適切な日本語を選びなさい。

(1) 調査員

(2) 主催者

(3) 競争相手

第 11 問の答え　　(1) 資金

< fund >

[fΛnd]【名詞】資金、基金、財源

【解説】ビジネス必須単語で、すでに半分日本語になっています。名詞以外に、「資金を供給する」という意味の動詞としてもよく使われるため、TOEIC でも名詞だけでなく動詞として出ることも多いです。名詞の意味は知っていても、動詞の意味を知らないという人がけっこういます。
【派】funding（名）「資金調達、財源」
【類】capital「資本金」
【例文】He has insufficient funds to pay his debts.
訳：彼には借金を返済できるほどの資金がありません。
【参考】(2) currency　(3) finance

第 12 問の答え　　(3) 競争相手

< competitor >

[kəmpétətər]【名詞】競争相手、競合会社

【解説】ビジネス必須単語なので、TOEIC でもパート(1)以外全セクションを通して頻繁に使われる単語です。パート(5)の語彙問題として出題されたこともあります。外資系企業などでは日本語のように使われています。
【派】compete（動）「競う」、competition（名）「競争」、competitive（形）「競争力のある、競争の激しい」
【類】rival「競争相手」
【例文】Our competitors are gaining market share due to their lower prices.
訳：当社より価格が安いので、競合各社は市場シェアを伸ばしています。
【参考】(1) investigator　(2) organizer

第 13 問

< pleased >

この単語の、もっとも適切な日本語を選びなさい。

(1) うれしい

(2) ほっとしている

(3) 恥じている

第 14 問

< regretful >

この単語の、もっとも適切な日本語を選びなさい。

(1) がっかりしている

(2) 後悔している

(3) 心配している

第13問の答え　(1) うれしい

< pleased >

[plí:zd]【形容詞】うれしい、喜んでいる、気に入っている

【解説】日常会話でもビジネスのメールや手紙でも頻繁に使う表現に、be pleased to ~「喜んで~する、~してうれしい」があり、TOEICでも時々使われます。特にパート(4)の「説明文問題」、パート(6)の「長文穴埋め問題」、パート(7)の「読解問題」で出ることが多いです。be delighted to ~とほぼ同じ意味。
【派】please（動）「喜ばせる」、pleasing（形）「感じのよい」、pleasingly（副）「楽しく」
【類】delighted「喜んでいる」、contented「満足している」
【例文】We are pleased to announce the opening of our new store in Osaka.
訳：大阪に当社の新しい店舗が開店することを（喜んで）お知らせいたします。
【参考】(2) relieved　(3) ashamed

第14問の答え　(2) 後悔している

< regretful >

[rigrétfl]【形容詞】後悔している、残念がっている

【解説】リスニングセクションのパート(4)の「説明文問題」で企業業績の悪化の報告などが出ることがあり、そのような英文で使われることが多い単語です。リーディングセクションでは、パート(6)の「長文穴埋め問題」やパート(7)の「読解問題」で顧客に出す手紙やメールで使われることがあります。
【派】regret（名）「後悔」、regrettable（形）「残念な」、regrettably（副）「残念なことに」
【例文】It was regretful that the young man had committed a crime.
訳：その若者が罪を犯したのは残念なことでした。
【参考】(1) depressed　(3) worried

第 15 問

< objective >

この単語の、もっとも適切な日本語を選びなさい。

(1) 手がかり

(2) 目的

(3) 予測

第 16 問

< address >

この単語の、もっとも適切な日本語を選びなさい。

(1) 結論づける

(2) 話をする

(3) 要約する

【3章 パート4によく出る単語・熟語】 147

第15問の答え　　（2）目的

< objective >

[əbdʒéktiv]【名詞】目的、目標、対象

【解説】最近の TOEIC はビジネス寄りの内容にシフトしているので、「(仕事上での) ～の目的は…で」のような英文が出ることも多く、この単語が使われます。名詞の「目的」以外に、形容詞で「客観的な」という意味があります。
【派】object（名）「目的、目標、対象」
【例文】The objective of this meeting will be to decide the budget for next year.
訳：この会議の目的は来年の予算を決めることです。
【参考】(1) clue　(3) prediction

第16問の答え　　（2）話をする

< address >

[ədrés]【動詞】話をする、演説する、(問題に)取り組む

【解説】パート(4)の「説明文問題」でスピーチなどが出題される場合があり、そのような英文で使われることがあります。また、パート(7)の「読解問題」でも使われます。動詞以外でも「演説」という意味の名詞でも出ることがあるので、動詞、名詞、両方の意味を覚えましょう。
【例文】He addressed the nation for the first time since his election.
訳：彼は選挙以来はじめて国民に向けて演説をしました。
【参考】(1) conclude　(3) summarize

第 17 問

< commemorate >

この単語の、もっとも適切な日本語を選びなさい。

(1) 示す

(2) 祝う

(3) 思い出させる

第 18 問

< participant >

この単語の、もっとも適切な日本語を選びなさい。

(1) 参加者

(2) 会計士

(3) 居住者

【3章 パート4によく出る単語・熟語】 149

第17問の答え　(2) 祝う

< commemorate >

[kəmémərèit]【動詞】祝う、記念する

【解説】リスニングセクションのパート(4)の「説明文問題」では、退職や受賞を祝う英文が出ることがあり、そのような英文で使われることが多い単語です。パート(7)の「読解問題」で使われることもあります。

【派】commemoration（名）「記念」、commemorative（形）「記念の」

【例文】The city is commemorating the 150th anniversary of its founding.
訳：市は市制施行150周年を祝っています。

【参考】(1) designate　(3) remind

第18問の答え　(1) 参加者

< participant >

[pɑːtísəpənt]【名詞】参加者、当事者

【解説】パート(4)の「説明文問題」や、パート(7)の「読解問題」で使われることが多い単語です。この単語を知らなくても動詞の participate「参加する」から、意味はある程度推測することができます。

【派】participate（動）「参加する」、participation（名）「参加」

【例文】The participants in the sports festival practiced hard for their events.
訳：スポーツフェスティバルの参加者たちは、自分たちの参加競技に向けて猛練習をしました。

【参考】(2) accountant　(3) resident

第 19 問

< cashier >

この単語の、もっとも適切な日本語を選びなさい。

(1) 事務員

(2) レジ係

(3) 受付係

第 20 問

< acquire >

この単語の、もっとも適切な日本語を選びなさい。

(1) 問い合わせる

(2) 取得する

(3) 要求する

【3章 パート4によく出る単語・熟語】

第19問の答え　（2）レジ係

< cashier >

[kæʃíər]【名詞】レジ係、会計係

【解説】リスニングセクションではパート(1)の「写真描写問題」やパート(4)の「説明文問題」、リーディングセクションではパート(7)の「読解問題」で使われることがある単語です。cash「現金」を扱う人なので、cashier と覚えておくといいでしょう。

【例文】The cashier at the convenience store gave him too much change.
訳：コンビニのレジ係は彼につり銭を多く渡しました。

【参考】(1) clerk　(3) receptionist

第20問の答え　（2）取得する

< acquire >

[əkwáiər]【動詞】取得する、習得する、買収する

【解説】日常生活でもビジネスでも頻繁に使う単語で、TOEIC でも全体を通してよく出ます。acquire には「取得する」以外にも「買収する」という意味もあります。名詞の acquisition は「取得」以外に「買収」という意味があり、M&A の A はこの語の頭文字のことです。パート(4)やパート(7)では M&A 関連の英文が出ることもあります。

【派】acquisition（名）「取得、買収」
【類】gain「得る」、obtain「手に入れる」、secure「確保する」
【例文】The small newspaper was acquired by a vast media conglomerate.
訳：その小さな新聞社は巨大メディアグループに買収されました。
【参考】(1) inquire　(3) require

第 21 問

< prize >

この単語の、もっとも適切な日本語を選びなさい。

(1) 賞

(2) 奨学金

(3) 土産

第 22 問

< in honor of >

この熟語の、もっとも適切な日本語を選びなさい。

(1) ～に敬意を表して

(2) ～を望んで

(3) ～の点で

第21問の答え (1) 賞

< prize >

[práiz]【名詞】賞、賞品、賞金

【解説】リスニングセクション、パート(3)の「会話問題」やパート(4)の「説明文問題」で、受賞パーティーなど受賞関連の話が出ることが多く、そこでよく使われます。win the prize で「賞を獲得する」という意味になりますが、この表現の動詞 win を問う問題としてリーディングセクション、パート(5)の「短文穴埋め問題」で出題されたこともあります。
【類】award「賞」、premium「賞金」
【例文】He easily won first prize in the competitive speech contest.
訳：彼は競争の激しいスピーチコンテストで、簡単に一等賞を獲得しました。
【参考】(2) scholarship (3) souvenir

第22問の答え (1) ～に敬意を表して

< in honor of >

【熟語/慣用表現】～に敬意を表して、～を祝って

【解説】日本語でもスピーチの冒頭で使われることが多いですが、英語の場合も同じです。パート(4)の「説明文問題」ではスピーチが出ることも多く、そのような英文で使われます。覚えておけば英語のスピーチで使えます。
【例文】A memorial was constructed in honor of war veterans.
訳：退役軍人に敬意を表して記念館が建設されました。
【参考】(2) in hope of (3) in terms of

第 23 問

< securities >

この単語の、もっとも適切な日本語を選びなさい。

(1) 証券

(2) 配当金

(3) 投資

第 24 問

< burden >

この単語の、もっとも適切な日本語を選びなさい。

(1) 議論

(2) 戦略

(3) 重荷

第23問の答え　　　(1) 証券

< securities >

[sikjúərətiz]【名詞】証券

【解説】証券会社のことを securities company と言います。「株式」という場合には stock や share を使いますが、「証券」という場合には securities を使います。パート(4)やパート(7)で証券会社に関する話が出ることがあります。security「安全」と間違えないようにしましょう。

【例文】The finance company offers securities trading services.
訳：その金融会社は証券取引業務を行っています。

【参考】(2) dividend　(3) investment

第24問の答え　　　(3) 重荷

< burden >

[bə́:rdn]【名詞】重荷、負担

【解説】「重荷」以外にも「負担」という意味で使われることも多く、日常生活でもビジネスでもよく使われる単語です。TOEICではリスニングセクション、リーディングセクションパート(1)を除く全パートで時々使われる単語です。

【派】burdensome（形）「重荷となる」

【例文】Pharmaceutical companies seek to overcome the burden of increasingly strict government regulations.
訳：製薬会社各社は、ますます厳しくなる政府の規制という重荷に対して、打開策を模索しています。

【参考】(1) dispute　(2) strategy

第 25 問

< bear >

この単語の、もっとも適切な日本語を選びなさい。

(1) 耐える

(2) (荷物を)積み込む

(3) 解決する

第 26 問

< complimentary >

この単語の、もっとも適切な日本語を選びなさい。

(1) 無料の

(2) 一時的な

(3) 反対の

【3章 パート4によく出る単語・熟語】157

第25問の答え　(1) 耐える

< bear >

[béər]【動詞】耐える、持つ、(責任を)負う

【解説】bear はパート(4)やパート(7)で使われることがあります。形容詞は bearable で、接頭に un をつけると unbearable「耐えられない」となります。その副詞 unbearably「耐えられないような」ですが、unbearably はパート(5)で適切な意味の副詞を選ぶ問題としても出題されました。bear に「耐える」という意味がある、ということを知っていれば、unbearably の意味は推測できます。
【派】bearable (形)「耐えられる」
【類】stand「耐える」、endure「耐える」
【例文】Record companies have had to bear with a drop in sales due to downloadable music.
訳：レコード会社各社は、ダウンロード可能な音楽のせいで売上の減少に耐えなければなりませんでした。
【参考】(2) load　(3) resolve

第26問の答え　(1) 無料の

< complimentary >

[kàmpləméntəri]【形容詞】無料の、お世辞の

【解説】形容詞で他にも「お世辞を言う、あいさつの」という意味がありますが、TOEIC ではパート(7)の「読解問題」で「無料の」という意味で使われることのほうが多いです。ホテルの宣伝文などで、「朝食は無料でついている」のような英文が出ることがあり、そこで使われることが多いです。同じような文脈でパート(4)で使われることもあります。
【派】compliment (名)「敬意、感謝の気持ち」
【類】free of charge「無料で」
【例文】The hotel offers a complimentary breakfast with each room.
訳：そのホテルは各部屋に無料の朝食を提供しています。
【参考】(2) temporary　(3) contrary

第 27 問

< oversee >

この単語の、もっとも適切な日本語を選びなさい。

(1) 見落とす

(2) 監督する

(3) 打ち勝つ

第 28 問

< investigation >

この単語の、もっとも適切な日本語を選びなさい。

(1) 選考

(2) 発見

(3) 調査

【3章 パート4によく出る単語・熟語】 159

第 27 問の答え　　（2）監督する

< oversee >

[óuvərsìː]【動詞】監督する、見渡す

【解説】主にリスニングセクションのパート(2)、(3)、(4)で使われる単語です。プロジェクトの監督や、営業部門に関する話の中で、どの人はどのエリアを監督する、というような文脈で使われることが多いです。ビジネスでよく使う単語です。
【例文】The factory supervisor oversees two hundred workers in the plant.
訳：その工場管理者は、工場で 200 人の労働者を監督しています。
【参考】(1) overlook　(3) overcome

第 28 問の答え　　（3）調査

< investigation >

[invèstəgéiʃən]【名詞】調査、捜査、調査報告

【解説】リスニングセクションではパート(3)や(4)で、リーディングセクションではパート(7)で、時々使われる単語です。動詞の investigate「調査する」も TOEIC で時々使われます。
【派】investigate（動）「調査する、捜査する」、investigator（名）「調査員」、investigative（形）「調査の」
【類】exploration「調査」
【例文】The human resources department is conducting an investigation regarding the recent incidences of theft.
訳：人事部は、最近発生した窃盗について調査を行っています。
【参考】(1) screening　(2) discovery

第 29 問

< possess >

この単語の、もっとも適切な日本語を選びなさい。

(1) 展示する

(2) 所有する

(3) 捨てる

第 30 問

< reduction >

この単語の、もっとも適切な日本語を選びなさい。

(1) 削減

(2) 蓄積

(3) 構成

第29問の答え　(2) 所有する

< possess >

[pəzés]【動詞】所有する、保有する

【解説】リスニング、リーディング両セクションを通して時々使われる単語です。名詞の possession「所有（物）」が出ることもあります。possess も possession もパート(4)の「説明文問題」で時々出る、機内アナウンスで使われることがあります。

【派】possession（名）「所有、財産」

【例文】To be an effective manager, one must possess the ability to multi-task.
訳：効率的に仕事ができる管理職になるには、同時に複数の仕事をこなす能力を持っていなければなりません。

【参考】(1) exhibit　(3) abandon

第30問の答え　(1) 削減

< reduction >

[rid∧kʃən]【名詞】削減、減少、割引

【解説】コスト削減のことを cost reduction と言いますが、このほかにも reduction of ～「～の削減」のような表現はビジネス関連の英文でよく使います。TOEIC でもパート(4)の「説明文問題」やパート(7)の「読解問題」などで使われることがあります。動詞の reduce はパート(5)の「短文穴埋め問題」で reduce noise という表現の reduce を問う問題として時々出ます。

【派】reduce（動）「削減する」

【類】decrease「減少」、decline「下落、減少」

【例文】Due to staff reductions, the project is progressing more slowly.
訳：人員が削減されたため、プロジェクトは以前よりも遅いペースで進んでいます。

【参考】(2) accumulation　(3) constitution

第 31 問

< remark >

この単語の、もっとも適切な日本語を選びなさい。

(1) 発言

(2) 主張

(3) 発表

第 32 問

< restore >

この単語の、もっとも適切な日本語を選びなさい。

(1) 取り戻す

(2) 取り替える

(3) 修復する

第 31 問の答え　　(1) 発言

< remark >

[rimá:rk]　【名詞】発言、見解

【解説】名詞「発言」、動詞「発言する」ともによく使う単語です。TOEICではパート(4)の「説明文問題」やパート(7)の「読解問題」で、問題文だけではなく、設問文で使われることがあります。

【派】remarkable（形）「注目すべき」、remarkably（副）「著しく」

【例文】The president's remarks greatly affect the country's economy.
訳：大統領の発言は、その国の経済に大きく影響します。

【参考】(2) claim　(3) announcement

第 32 問の答え　　(3) 修復する

< restore >

[ristó:r]　【動詞】修復する、戻す、回復する

【解説】パート(4)の「説明文問題」やパート(7)の「読解問題」で使われることがあります。機能の回復、経営状況の回復、経済成長力の回復、信頼回復、関係修復など、さまざまな場面で使えます。

【派】restoration（名）「修復」

【例文】The new owners have restored the historic theater to its original condition.
訳：新しい所有者は、その歴史のある劇場を修復して、元の状態に戻しました。

【参考】(1) retrieve　(2) replace

第33問

< conflict >

この単語の、もっとも適切な日本語を選びなさい。

(1) 避難

(2) 争い

(3) 悪化

第34問

< medication >

この単語の、もっとも適切な日本語を選びなさい。

(1) 薬局

(2) 処方箋

(3) 医薬

第33問の答え　　(2) 争い

< conflict >

[kánflikt]【名詞】争い、衝突、対立

【解説】「（政治的な）紛争」という意味だけでなく、「（意見の）衝突」や「（ビジネス上の）利害の対立」などの意味でもよく使います。ビジネス関連の英文で使うことも多いので、TOEICでも時々使われる単語です。

【派】conflicting（形）「矛盾する」

【例文】The new dress code has been a source of conflict in the office.

訳：新しい服装規定がオフィス内でのあつれきの原因になりました。

【参考】(1) evacuation　(3) deterioration

第34問の答え　　(3) 医薬

< medication >

[médikèiʃən]【名詞】医薬、薬物、薬物治療

【解説】リスニングセクションのパート(3)や(4)で使われることがある単語です。「薬物」という意味ではmedicineと同じですが、medicineは口から飲む薬に使われるのに対し、medicationの場合、口から飲む薬以外に目薬や塗り薬にも使われます。

【例文】Liquid in bottles is not allowed to be taken on board the airplane with exception of medication.

訳：医薬品を除き、瓶入りの液体を機内に持ち込むことはできません。

【参考】(1) pharmacy　(2) prescription

第 35 問

< settle >

この単語の、もっとも適切な日本語を選びなさい。

(1) 推測する

(2) 解決する

(3) ほのめかす

第 36 問

< previous >

この単語の、もっとも適切な日本語を選びなさい。

(1) 以前の

(2) 支配的な

(3) 用心深い

第35問の答え　(2) 解決する

< settle >

[sétl]【動詞】解決する、和解する、定住する

【解説】settle には「置く、住む」などほかにもさまざまな意味がありますが、ビジネスでよく使うのは、「(問題を) 解決する」という意味です。TOEIC にもこの意味で出ることが大半で、パート(4)やパート(7)で使われることがあります。
【派】settlement（名）「解決、合意」
【類】resolve「解決する」
【例文】They opted to settle their legal dispute out of court.
訳：彼らは法的な争いを示談で解決する道を選びました。
【参考】(1) infer　(3) imply

第36問の答え　(1) 以前の

< previous >

[príːviəs]【形容詞】以前の

【解説】日常生活でもビジネスでも頻繁に使われる単語です。previous meeting や previous job などのような表現で、パート(1)を除く全パートを通して使われることの多い単語です。
【派】previously（副）「以前は」
【類】preceding「以前の、先立つ」、prior「(時間的に) 前の」
【例文】He received a higher salary in his previous job than in his current one.
訳：彼は現在より以前の仕事でのほうが、高い給与をもらっていました。
【参考】(2) dominant　(3) precautious

第 37 問

< contrary >

この単語の、もっとも適切な日本語を選びなさい。

(1) 反対の

(2) 正確な

(3) 危険な

第 38 問

< appear to >

この熟語の、もっとも適切な日本語を選びなさい。

(1) ～する予定である

(2) ～することを期待する

(3) ～するようである

第37問の答え　(1) 反対の

< contrary >
[kάntrèri]【形容詞】反対の、相容れない

【解説】「~に反して」という場合には、contrary to ~ と前置詞の to を使います。日常的によく使う表現です。ビジネス関連のレポートなどでも contrary to my expectations「私の予想に反して」などのような英文をよく見かけます。TOEIC ではパート(4)やパート(7)で使われることが多いです。

【類】contradictory「相反する」、opposite「逆の」

【例文】Contrary to popular belief, this species of snake is relatively harmless.
訳：一般に信じられているのとは逆に、この種の蛇は比較的害がありません。

【参考】(2) precise (3) hazardous

第38問の答え　(3) ~するようである

< appear to >
【熟語/慣用表現】~するようである、~すると思われる

【解説】appear to ~ は「~するように思われる」という意味で、パート(4)の「説明文問題」やパート(7)の「読解問題」で時々使われます。英会話でもよく使う表現です。appear には「思われる」という意味以外に「現れる」という意味もあり、この意味でも頻繁に使われます。

【例文】The loss in market share appears to be a result of decreased brand awareness.
訳：市場シェアが低下したのは、ブランドに対する認知度が低下したせいだと思われます。

【参考】(1) plan to (2) expect to

第 39 問

< generate >

この単語の、もっとも適切な日本語を選びなさい。

(1) 生み出す

(2) 発明する

(3) 請求する

第 40 問

< balance >

この単語の、もっとも適切な日本語を選びなさい。

(1) 利子

(2) 預金

(3) 残高

第39問の答え　　（1）生み出す

< generate >

[dʒénərèit]【動詞】生み出す、発生させる

【解説】generate は頻繁に使われ、さまざまな目的語をとります。ビジネス関連では generate revenue「収入を生む」、generate profits「利益を生む」などのような英文で使われることが多いです。パート(1)を除く全パートで時々使われる単語です。
【派】generation（名）「発生」
【類】bring about「引き起こす」
【例文】Their new line of designer bags has generated a lot of media attention.
訳：彼らのデザイナーバッグの新製品が大きくメディアの注目を集めました。
【参考】(2) invent　(3) charge

第40問の答え　　（3）残高

< balance >

[bǽləns]【名詞】残高、均衡

【解説】balance はもともと、名詞では「釣り合い」、動詞では「バランスをとる」という意味ですが、ビジネスでは、名詞では「（預金口座の）残高」、動詞では「（企業の収支の）帳尻を合わせる」という意味で使われることが多く、TOEIC に出る場合にも、主にリスニングセクションで、これらの意味で使われることが多いです。
【派】balanced（形）「釣り合いのとれた」
【例文】His account balance is $516.12.
訳：彼の口座残高は 516 ドル 12 セントです。
【参考】(1) interest　(2) deposit

第 41 問

< view >

この単語の、もっとも適切な日本語を選びなさい。

(1) みなす

(2) 命令する

(3) 設立する

第 42 問

< boost >

この単語の、もっとも適切な日本語を選びなさい。

(1) 更新する

(2) 押し上げる

(3) 見直す

第41問の答え　　(1) みなす

< view >

[vjúː]【動詞】みなす、眺める、見る、考える

【解説】TOEIC 全般を通してよく使われる単語です。パート(1)の「写真描写問題」で出題される場合は「眺める」という意味で、他のパートで出題される場合は「みなす」という意味で使われる場合が多いです。view A as B「A を B とみなす」という表現もよく使われるので覚えておきましょう。
【派】viewer（名）「視聴者、見物人」
【類】regard「みなす」、consider「みなす」
【例文】Their products are viewed as being cheap and unreliable.
訳：その会社の製品は、安っぽくて信頼できないとみなされています。
【参考】(2) command　(3) establish

第42問の答え　　(2) 押し上げる

< boost >

[búːst]【動詞】押し上げる、(売上を)伸ばす、促進する

【解説】boost stock prices「株価を押し上げる」や boost economic growth「経済成長を押し上げる」などのような表現で、経済関連のレポートでは頻繁に使われる単語です。TOEIC はビジネス関連の内容にシフトしてきている関係か、パート(7)の「読解問題」などで時々目にします。boost sales「売上を増やす」のような表現も、パート(4)の「説明文問題」などで使われることがあります。
【類】expand「拡大する」、increase「増加させる」
【例文】The publicity generated from the promotional event helped boost our sales.
訳：販促イベントによって生じた知名度が、当社の売上を伸ばす力になりました。
【参考】(1) update　(3) review

第 43 問

< cooperation >

この単語の、もっとも適切な日本語を選びなさい。

(1) 経営

(2) 協力

(3) 定期購読

第 44 問

< responsibility >

この単語の、もっとも適切な日本語を選びなさい。

(1) 責任

(2) アンケート

(3) 機会

【3章 パート4によく出る単語・熟語】175

第43問の答え　　（2）協力

< cooperation >

[kouàpəréiʃən]【名詞】協力、協同、協業

【解説】TOEIC全般で使われる単語ですが、特にパート(4)の「説明文問題」で、何かのスピーチや説明の最後に、Thank you for your cooperation.「ご協力ありがとうございました」という表現が使われることがあります。この表現は機内アナウンスなどでも使われることがあるので、耳慣れていると思います。

【派】cooperate（動）「協力する」、cooperative（形）「協力的な」

【類】collaboration「協力、協調」

【例文】We seek your cooperation in preventing software theft.
訳：ソフトウェアの違法コピーを防ぐため、皆さんの協力を必要としています。

【参考】(1) management　(3) subscription

第44問の答え　　（1）責任

< responsibility >

[rispànsəbíləti]【名詞】責任、職責、責務、職務

【解説】「責任」という意味は誰でも知っていますが、「職責」という意味を知らない人が意外に多いです。TOEICでは「職責、職務」という意味で使われることも多いので、「責任」以外に「職責、職務」という意味も覚えておきましょう。

【派】response（名）「反応」、responsible（形）「責任のある」

【類】liability「法的責任」

【例文】The president took responsibility for the company's poor performance last quarter.
訳：社長は前四半期における会社の業績不振に対して責任をとりました。

【参考】(2) questionnaire　(3) opportunity

第 45 問

< complicated >

この単語の、もっとも適切な日本語を選びなさい。

(1) がっかりした

(2) 複雑な

(3) 検査済みの

第 46 問

< refrain from >

この熟語の、もっとも適切な日本語を選びなさい。

(1) 〜を控える

(2) 取り除く

(3) はっきり言う

【3章 パート4によく出る単語・熟語】 177

第45問の答え　（2）複雑な

< complicated >

[kɑ́mpləkèitəd]【形容詞】複雑な、込み入った

【解説】日常会話でもビジネスでも頻繁に使う単語です。そのためか、TOEIC でも全パートを通してよく使われます。
【派】complicate（動）「複雑にする」、complication（名）「複雑化」
【類】complex「複雑な」
【例文】The process of getting a drug approved is complicated.
訳：薬の認可を得るための手続きは複雑です。
【参考】(1) disappointed　(3) inspected

第46問の答え　（1）〜を控える

< refrain from >

【熟語 / 慣用表現】〜を控える、〜をやめる

【解説】日常生活で頻繁に使われる表現です。Please refrain from smoking in the plant.「工場内での喫煙は控えてください」や、Please refrain from using electronics device in the plane.「機内での電子機器の使用を控えてください」などのような表現を耳にする機会が多いので、知らない人は少ないと思います。
【例文】Passengers are asked to refrain from using mobile phones during takeoff.
訳：乗客は離陸の際には携帯電話の使用を控えるように言われています。
【参考】(2) get rid of　(3) speak out

第 47 問

< content >

この単語の、もっとも適切な日本語を選びなさい。

(1) 満足させる

(2) 安心させる

(3) 任せる

第 48 問

< affect >

この単語の、もっとも適切な日本語を選びなさい。

(1) 拒否する

(2) 反対する

(3) 影響を与える

第47問の答え　（1）満足させる

< content >

[kəntént]【動詞】満足させる

【解説】content は「満足させる」という他動詞なので、「〜に満足している」と言う場合には、be contented with 〜と受身形で使われます。be contented with 〜の形で出ることのほうが多いです。TOEIC ではリスニングセクションで使われることが大半です。
【派】contented（形）「満足した」
【類】satisfy「満足させる」
【例文】The cocktail party guests contented themselves with small talk.
訳：カクテルパーティーの客は世間話をすることで満足しました。
【参考】(2) reassure　(3) entrust

第48問の答え　（3）影響を与える

< affect >

[əfékt]【動詞】影響を与える、感染させる、感動させる

【解説】パート(4)やパート(7)で使われることがありますが、頻出単語ではありません。「工事の影響で道路が混んでいる」とか、「業績に影響を与える」などのような英文で出ることが多いです。スペルが似ている単語に名詞の effect「効果」があり、間違える人が多いので気をつけましょう。
【例文】The rising oil prices have affected the cost of shipping freight.
訳：原油価格の上昇が貨物輸送費に影響を及ぼしています。
【参考】(1) reject　(2) object

第 49 問

< prospective >

この単語の、もっとも適切な日本語を選びなさい。

(1) 差し迫っている

(2) 見込みのある

(3) 古くさい

第 50 問

< intense >

この単語の、もっとも適切な日本語を選びなさい。

(1) 役立つ

(2) 激しい

(3) 明白な

第49問の答え　（2）見込みのある

< prospective >

[práspektiv]【形容詞】見込みのある、将来有望な

【解説】prospective customer「見込み客」という表現で、リスニングセクションのパート(2)、(3)、リーディングセクションのパート(7)などで出ることがあります。prospective customer はビジネスでよく使う表現なので、覚えておけば仕事で使えます。

【派】prospect（名）「見込み」

【例文】The sales representative gave the prospective customer some product literature.

訳：その販売員は見込み客に商品パンフレットを渡しました。

【参考】(1) impending　(3) obsolete

第50問の答え　（2）激しい

< intense >

[inténs]【形容詞】激しい、強烈な

【解説】頻度は高くありませんが、TOEIC ではパート(4)やパート(7)でビジネス関連の英文で使われることがあります。ビジネス関連でよく使うのは intense competition「激しい競争」という表現です。

【派】intensely（副）「激しく」、intensify（動）「強める」

【例文】After weeks of intense negotiation, they finally reached an agreement.

訳：何週間にもわたる激しい交渉の末、彼らはついに合意に達しました。

【参考】(1) helpful　(3) evident

第 51 問

< out of service >

この熟語の、もっとも適切な日本語を選びなさい。

(1) 非稼動中で

(2) 在庫切れで

(3) 視界から外れて

第 52 問

< insurance policy >

この単語の、もっとも適切な日本語を選びなさい。

(1) 保険料

(2) 補償範囲

(3) 保険証書

【3章 パート4によく出る単語・熟語】 183

第51問の答え　（1）非稼動中で

< out of service >

【熟語／慣用表現】非稼動中で、運転休止中で、使用中止になって

【解説】日常生活でよく使う熟語ですが、TOEIC では「エレベーターが運転休止中で」のような表現で主にリスニングセクションで使われます。熟語として知らなくても、service が out だと考えれば意味は推測できるはずです。

【類】unavailable「利用不可能な」、inaccessible「アクセス不能な」

【例文】The phone number that you dialed is currently out of service.
訳：おかけになった電話番号は、現在使われておりません。

【参考】(2) out of stock　(3) out of sight

第52問の答え　（3）保険証書

< insurance policy >

[inʃúərəns pàləsi]【名詞】保険証書、保険契約

【解説】リスニングセクションではパート(4)、リーディングセクションではパート(7)で主に使われる単語です。保険の話だとわかる文脈では、insurance を省略して policy だけで使われる場合もあります。insurance policy と一緒に insurance carrier「保険会社」も覚えておきましょう。insurance carrier も、TOEIC に出ることがあります。

【例文】Our insurance policy covers us against natural disasters.
訳：当社の保険契約は、自然災害も適用範囲になっています。

【参考】(1) premium　(2) coverage

第 53 問

< confront >

この単語の、もっとも適切な日本語を選びなさい。

(1) 汚染する

(2) 立ち向かう

(3) 消費する

第 54 問

< stopover >

この単語の、もっとも適切な日本語を選びなさい。

(1) 宿泊施設

(2) 摩天楼

(3) 一時寄航(港)

【3章 パート4によく出る単語・熟語】 185

第 53 問の答え　　（2）立ち向かう

< confront >

[kənfrʌ́nt]【動詞】立ち向かう、直面する、対決する

【解説】ビジネスではさまざまな問題に直面することが多く、企業業績関連のレポートなどで頻繁に使われる単語です。TOEICでは、パート(4)の「説明文問題」やパート(7)の「読解問題」で使われることが多いです。

【派】confrontation（名）「対立」

【例文】The airline is confronting its competitors by offering special promotions.
訳：その航空会社は、特別な販促活動をすることで競合他社に対抗しています。

【参考】(1) contaminate　(3) consume

第 54 問の答え　　（3）一時寄航(港)

< stopover >

[stápòuvər]【名詞】一時寄航(港)

【解説】リスニングセクションのパート(2)、(3)、(4)などで出る単語です。TOEICには空港や飛行機の搭乗に関する会話やアナウンスが時々出ます。そのような英文で使われることがあります。

【例文】He has a two-hour stopover in London before his flight to Milan.
訳：彼の乗る飛行機は、ミラノへ向かう前にロンドンで2時間のストップオーバーがあります。

【参考】(1) accommodation　(2) skyscraper

第 55 問

< labor union >

この単語の、もっとも適切な日本語を選びなさい。

(1) 広報

(2) 見本市

(3) 労働組合

第 56 問

< neglect >

この単語の、もっとも適切な日本語を選びなさい。

(1) 破壊する

(2) みなす

(3) 怠る

第55問の答え　　（3）労働組合

< labor union >

[léibər jùːnjən]【名詞】労働組合

【解説】日ごろから英字新聞を読んでいる人は頻繁に目にしている単語です。TOEIC でもパート(4)の「説明文問題」やパート(7)の「読解問題」で出ることがあります。labor「労働」はほとんどの人が知っている単語なので、labor union もある程度意味が推測できるのではないでしょうか。

【例文】The labor union has been threatening to strike.
訳：労働組合は、ストライキをすると脅しています。

【参考】(1) public relations　(2) trade fair

第56問の答え　　（3）怠る

< neglect >

[niglékt]【動詞】怠る、無視する、〜し忘れる

【解説】パート(4)の「説明文問題」やパート(7)の「読解問題」で使われることがある単語です。比較的よく聞いたり見たりする単語ですが、TOEIC 頻出単語ではありません。

【派】negligence（名）「怠慢、不注意」、negligent（形）「怠慢な、無頓着な」

【類】fail「怠る」、ignore「無視する」

【例文】He neglected to tell his client that the office would be closed on Monday.
訳：月曜日は会社が休みになることを、彼は顧客に伝えるのを忘れました。

【参考】(1) ruin　(2) regard

第 57 問

< incident >

この単語の、もっとも適切な日本語を選びなさい。

(1) 事件

(2) 現象

(3) 偶然の一致

第 58 問

< struggle >

この単語の、もっとも適切な日本語を選びなさい。

(1) 逃げる

(2) 奮闘する

(3) 取り扱う

【3章 パート4によく出る単語・熟語】 189

第 57 問の答え　(1) 事件

< incident >

[ínsədənt]【名詞】事件、出来事

【解説】パート(4)の「説明文問題」で、事故が起きたので道路を一時的に閉鎖しているとか、事故でエレベーターが一時的に止まっているので別のエレベーターを使うように、などのような英文が出ることがあり、そのような文脈で使われることがあります。パート(7)の「読解問題」で使われることもあります。
【派】incidence（名）「発生」
【例文】The incident in Chernobyl gave way to stricter safety measures at nuclear plants.
訳：チェルノブイリの事故は、原子力発電所のより厳しい安全対策への契機になりました。
【参考】(2) phenomenon　(3) coincidence

第 58 問の答え　(2) 奮闘する

< struggle >

[strʌ́gl]【動詞】奮闘する、もがく、苦労しながら進む

【解説】パート(2)、(3)、(4)などリスニングセクションで時々使われる単語です。TOEICでは、struggle to ～「～しようと努力する」という表現で使われることが多いです。struggle to ～は日常的にも使われますが、景気低迷状態から回復しようと頑張るとか、赤字から脱却しようと頑張る、などのように経済やビジネス関連の英文でも使われます。
【類】strive「奮闘する」
【例文】The privately owned coffee shop is struggling to break even.
訳：個人所有のその喫茶店は、赤字を出さないよう奮闘しています。
【参考】(1) escape　(3) deal

第 59 問

< suspect >

この単語の、もっとも適切な日本語を選びなさい。

(1) 告白する

(2) 疑う

(3) 守る

第 60 問

< refer to >

この熟語の、もっとも適切な日本語を選びなさい。

(1) ～を参照する

(2) ～を求める

(3) ～に応える

【3章 パート4によく出る単語・熟語】 191

第 59 問の答え　　（2）疑う

< suspect >

[səspékt]【動詞】疑う、あやしいと思う

【解説】パート(3)の「会話問題」、パート(4)の「説明文問題」、パート(7)の「読解問題」で使われる単語です。よくない意味で使われることが多いです。
【類】doubt「疑う」
【例文】The executive is suspected of embezzling money from the company.
訳：その重役は、会社の金を横領したのではないかと疑われています。
【参考】(1) confess　(3) defend

第 60 問の答え　　（1）〜を参照する

< refer to >

【熟語/慣用表現】〜を参照する、〜に言及する、〜に問い合わせる

【解説】パート(3)や(4)の設問文で使われることが多いです。パート(4)であれば、設問文は Questions 41 through 43 refer to the following telephone message. のような英文が読まれます。パート(5)の語彙問題で、refer to という表現の refer を問う問題も出題されました。
【類】consult「(辞書などを) 調べる」、mention「〜について述べる」
【例文】For more information, please refer to the policy and procedures manual.
訳：詳細は規定および手続きマニュアルを参照してください。
【参考】(2) ask for　(3) respond to

第61問

< accomplish >

この単語の、もっとも適切な日本語を選びなさい。

(1) 区別する

(2) 設立する

(3) 成し遂げる

第61問の答え　（3）成し遂げる

< accomplish >
[əkámpliʃ]　【動詞】成し遂げる、勝ち取る

【解説】頻出単語ではありませんが、TOEIC 全般を通して出ることがあります。覚えておけば仕事で使えます。

【派】accomplishment（名）「達成」

【類】achieve「達成する」

【例文】We were able to accomplish much in the allotted time.
訳：われわれは割り当てられた時間内に多くを仕上げることができました。

【参考】(1) distinguish　(2) establish

自作解説

新TOEICテスト 1週間でやりとげるリスニング
中経出版 2007年6月

　本書は、700点突破をめざすレベルの人がリスニングセクションの点数UPのために、パートごとにどのように取り組めばいいかを書いたものです。各パートの出題のくせやトリックについても、詳細に説明しています。

　パートごとに、効果的に点数を上げるための解き方の説明を行ない、その後に数問ずつ問題を付けていますが、問題数はさほど多くありません。実際に問題を解いて、説明が理解できたかどうか確認するためのものです。本書を使って解き方を理解したら、実際に大量の問題を解く必要がありますが、それは『新公式問題集VOL1～3』を使って行なってください。

　メルマガや本で繰り返し書いていますが、練習用としては、TOEICテストを作成しているETSが実際に作成している唯一の問題集である『新公式問題集』に勝るものはありません。

　ただ、『新公式問題集』には簡単な答えと解説しかなく、「どうやって解けば点数が上がるのか。どうやって練習す

自作解説

るのが効果的か」についてはまったく触れていません。

ですから、TOEICを受けたことがない人が突然『新公式問題集』を解いても、ポイントはわかりにくいと思います。その部分をカバーする本として、本書をお使いいただくのがいいと思います。本書で出題のポイントを十分に理解したうえで『新公式問題集』にあたったほうが、はるかに効果的だと思います。

本書では、毎回TOEICを受験している私の記憶に基づき、実際に出題されているようなストーリーを問題文に多く使っています。ですから、「こんな感じの問題が出ているんだ」ということを理解するうえで参考になります。

「1週間でやりとげる」というタイトルですが、テスト本番の1週間前に始めるのではなく、「TOEICを受けたいけれど何から始めれば……」というときの全体像の把握にお使いください。

1章から7章を理解して解くのに最短でも10日をかけ、その後『新公式問題集』を使っての練習に、少なくとも2〜3週間かけるのが、理想的な使い方です。

4章

パート5・6によく出る単語・熟語

【パート5 & 6】

リーディングセクション、パート5の「短文穴埋め問題」とパート6の「長文穴埋め問題」によく出る単語・熟語を集めました。

特徴としては、パート5では語彙問題が半分、パート6では手紙やメール、記事や広告文に出る単語が多いです。

第1問

< approximately >

この単語の、もっとも適切な日本語を選びなさい。

(1) およそ

(2) 特に

(3) 結果として

第2問

< issue >

この単語の、もっとも適切な日本語を選びなさい。

(1) 連絡する

(2) 発行する

(3) 配る

第1問の答え　（1）およそ

< approximately >

[əpráksəmətli]【副詞】およそ、約

【解説】リーディングセクションのパート(5)で語彙問題や品詞問題として時々出題されます。品詞問題として出題される場合、（ ）four hours というような形で出ます。この four は名詞ではなく hours を修飾する形容詞的に使われているので、空欄には形容詞を修飾する副詞の approximately が入ります。
【派】approximate（形）「おおよその」、approximation（名）「近似値」
【類】nearly「ほぼ」、more or less「だいたい」
【例文】Approximately 40 percent of their products are manufactured overseas.
訳：その会社の製品のおよそ40％が海外で製造されています。
【参考】(2) particularly　(3) consequently

第2問の答え　（2）発行する

< issue >

[íʃu:]【動詞】発行する、公表する

【解説】issue はリーディングセクションのパート(5)で語彙問題として時々出題されます。動詞の「発行する」以外にも、名詞の「発行物、問題」、それぞれの意味で出題されています。「発行する」という場合、雑誌や新聞以外にも、株式を発行したり、債券を発行する場合にも使います。
【類】release「発売する」、publish「出版する」、publicize「公表する」
【例文】The bank issued him a new card to replace the one he lost.
訳：銀行は彼が紛失したカードの代わりに新しいカードを発行しました。
【参考】(1) correspond　(3) deliver

第 3 問

< according to >

この熟語の、もっとも適切な日本語を選びなさい。

(1) ～によると

(2) ～より前に

(3) ～のおかげで

第 4 問

< incentive >

この単語の、もっとも適切な日本語を選びなさい。

(1) 補償金

(2) 報奨金

(3) 手数料

【4章 パート5・6によく出る単語・熟語】

第3問の答え　(1) ～によると

< according to >

【熟語／慣用表現】～によると、～の話によれば

【解説】according to ～ はパート(5)でよく出る熟語です。「～によると」以外に「～に従って」という意味があり、according to the new regulations「新しい規則に従って」などのように使われます。「～によると」に比べると、頻度は低いですがこの意味で出題されたことはあります。
【派】accord（動）「一致する」、accordance（名）「一致」、accordingly（副）「状況に応じて」
【類】in accordance with ～「～に従って」
【例文】According to our research, our target customers would pay more for better quality.
訳：われわれの調査によれば、われわれがターゲットにしている顧客はよりよい品質のためならばより多くのお金を払うでしょう。
【参考】(2) prior to　(3) thanks to

第4問の答え　(2) 報奨金

< incentive >

[inséntiv]【名詞】報奨金、報奨制度、動機

【解説】外資系企業ではすでに日本語のように使われている単語です。営業成績を上げるためのモティベーションの一つとして使われ、TOEICではパート(5)の語彙問題で数度出題されたことがあります。「報奨金」、「報奨制度」、「動機」のそれぞれの意味を覚えましょう。
【類】reward「報奨金」
【例文】Our company offers a financial incentive to high-performing sales representatives.
訳：わが社では、好成績をあげた営業担当者に報奨金を与えています。
【参考】(1) compensation　(3) commission

第5問

< regarding >

この単語の、もっとも適切な日本語を選びなさい。

(1) ～現在

(2) ～に関して

(3) ～中に

第6問

< assure >

この単語の、もっとも適切な日本語を選びなさい。

(1) 保証する

(2) 分析する

(3) 認める

第5問の答え　（2）～に関して

< regarding >

[rigá:rdiŋ]【前置詞】～に関して

【解説】前置詞の regarding を問う問題はリーディングセクションのパート(5)で時々出ます。品詞も意味も同じ concerning「～に関して」もパート(5)で出ることがあるので一緒に覚えておきましょう。出題頻度から言えば concerning より regarding のほうが高いです。
【派】regard（動）「みなす」
【類】concerning「～に関して」、with regard to「～に関して」、as to「～については」
【例文】There has been some confusion regarding the new tax laws.
訳：新しい税法に関して多少の混乱が生じています。
【参考】(1) as of　(3) throughout

第6問の答え　（1）保証する

< assure >

[əʃúər]【動詞】保証する、確約する、確実にする

【解説】リーディングセクションのパート(5)と(6)に出題される顧客宛の手紙やメールで使われる be assured of ～という表現が問われる場合があります。直訳すると「～を確信する」ですが、顧客に出す手紙などでは「ご安心ください」という意味で使われていることが多いです。
【派】assurance（名）「保証」、assured（形）「確かな」
【類】ensure「保証する」、guarantee「保証する」、warrant「保証する」
【例文】The suppliers assured their client that the shipment would arrive on schedule.
訳：納入業者は発送品が予定どおり届くことを顧客に保証しました。
【参考】(2) analyze　(3) admit

第 7 問

< extensive >

この単語の、もっとも適切な日本語を選びなさい。

(1) 広範囲の

(2) 排他的な

(3) 例外的な

第 8 問

< currently >

この単語の、もっとも適切な日本語を選びなさい。

(1) 時間通りに

(2) かつては

(3) 現在は

第7問の答え　　（1）広範囲の

< extensive >

[iksténsiv]【形容詞】広範囲の、広い、大規模な

【解説】extensive study、extensive research（ともに「広範囲の研究」）のように、ビジネスでよく使う単語です。TOEICではパート(5)で語彙問題として時々出題されます。過去にパート(5)で出題されたことのある a wide range of と同じ意味です。a wide range of に比べると extensive のほうが出題頻度は高いです。
【派】extend（動）「広げる」、extensively（副）「広範囲にわたって」
【類】comprehensive「広範囲の」
【例文】His extensive knowledge of radiology helped him to invent a new machine.
訳：放射線学に関する彼の広範な知識が、新しい機械を発明するのに役立ちました。
【参考】(2) exclusive　(3) exceptional

第8問の答え　　（3）現在は

< currently >

[ká:rəntli]【副詞】現在は、今のところ

【解説】日常会話で頻繁に使う単語です。パート(5)でさまざまな副詞の中から「適切な意味の副詞を選ぶ問題」がほぼ毎回出ますが、そこで出題されることがあります。正答にも誤答にも使われることがあるので、英文をきちんと読んで選びましょう。
【派】current（形）「現在の」
【類】presently「現在」、at the moment「現在」
【例文】Mr. Hasegawa cannot attend the meeting because he is currently on a business trip.
訳：長谷川氏は現在出張中なので、その会議に出席することができません。
【参考】(1) punctually　(2) formerly

第9問

< exclusive >

この単語の、もっとも適切な日本語を選びなさい。

(1) 独占的な

(2) 包括的な

(3) 過度の

第10問

< consider >

この単語の、もっとも適切な日本語を選びなさい。

(1) 感謝する

(2) 引用する

(3) 考慮する

第 9 問の答え　　（1）独占的な

< exclusive >

[iksklú:siv]【形容詞】独占的な、排他的な

【解説】ビジネスでは独占契約を交わすことが多く、契約書をはじめビジネス関連のレポートでよく使われる単語です。TOEIC では、形容詞 の exclusive だけでなく、副詞の exclusively「独占的に」も重要です。ともにパート(5)で語彙問題として出題されることがあります。

【派】exclude（動）「排除する」、exclusion（名）「排除、除外」

【例文】We are delighted to announce the signing of an exclusive contract with a world-famous violinist.
訳：当社は、世界的に有名なバイオリニストと独占契約を結んだことを（喜んで）ご報告いたします。

【参考】(2) comprehensive　(3) excessive

第 10 問の答え　　（3）考慮する

< consider >

[kənsídər]【動詞】考慮する、検討する、〜だとみなす、熟考する

【解説】リスニングセクション、リーディングセクションのどちらでもよく使われる単語です。パート(5)で文法問題として扱われる場合も多く、その場合は「他動詞 consider の後ろには不定詞ではなく動名詞（〜 ing）が続く」という点が問われます。

【例文】We are considering outsourcing to India.
訳：われわれはインドへの業務外部委託を考えています。

【参考】(1) appreciate　(2) quote

第 11 問

< promising >

この単語の、もっとも適切な日本語を選びなさい。

(1) 見事な

(2) 見込みのある

(3) 強制的な

第 12 問

< conservation >

この単語の、もっとも適切な日本語を選びなさい。

(1) 介入

(2) 予約

(3) 保全

【4章 パート5・6によく出る単語・熟語】 209

第11問の答え　(2) 見込みのある

< promising >

[prámǝsiŋ]【形容詞】見込みのある、前途有望な、将来有望な

【解説】promising job「将来性のある仕事」、promising stock「有望株」、promising market「将来有望な市場」などのようにビジネスで頻繁に使う単語です。TOEICではパート(5)で語彙問題として出題されることもありますが、パート(7)の「読解問題」でもよく使われる単語です。
【派】promise（動）「約束する」
【例文】Their prospects for becoming the market leader look promising.
訳：あの会社が業界最大手になる可能性は高そうです。
【参考】(1) admirable　(3) mandatory

第12問の答え　(3) 保全

< conservation >

[kànsərvéiʃǝn]【名詞】保全、保護、保存

【解説】conservation of energy「エネルギーの保全」とか、conservation of natural resources「自然資源の保全」などのように、環境関連の英文でよく使われる単語です。名詞はconservationですが、動詞はconserve「保全する、保護する」です。名詞と動詞ともにパート(5)で語彙問題として出題されることがあります。
【派】conserve（動）「保護する、節約する」、conservative（形）「保守的な」
【例文】Plans for the conservation of natural resources will be discussed at the conference.
訳：会議では天然資源の保全計画が討議される予定です。
【参考】(1) intervention　(2) reservation

第 13 問

< sufficiently >

この単語の、もっとも適切な日本語を選びなさい。

(1) ついに

(2) 効果的に

(3) 十分に

第 14 問

< brand >

この単語の、もっとも適切な日本語を選びなさい。

(1) 在庫

(2) 材料

(3) 銘柄

第13問の答え　　（3）十分に

< sufficiently >

[səfíʃəntli]【副詞】十分に

【解説】パート(5)でさまざまな副詞の中から「適切な意味の副詞を選ぶ問題」がほぼ毎回出ますが、そこで、正答の選択肢としても誤答の選択肢としても使われることがあります。覚えておけばビジネス関連のレポートなどで重宝に使えます。
【派】sufficient（形）「十分な」
【類】adequately「十分に、的確に」
【例文】Employees at our company are not being paid sufficiently.
訳：当社の社員は給料を十分に支払われていません。
【参考】(1) finally　(2) efficiently

第14問の答え　　（3）銘柄

< brand >

[brǽnd]【名詞】銘柄、ブランド

【解説】リーディングセクションのパート(5)の語彙問題で数度出題されたことがあります。「ブランド」という単語はすでに日本語として定着していますが、マーケティングで頻繁に使われる単語で、アメリカで書かれた有名なマーケティングの本では必ず目にする単語です。マーケティングの世界では branding「ブランド設定、ブランド化」という単語も頻繁に使われます。
【派】branding（名）「商標化」
【類】trademark「商標」、logo「ロゴ、商標」
【例文】They are using a celebrity spokesperson to promote awareness of their brand.
訳：彼らは自社ブランドの認知度を高めるために、有名人を広報担当として起用しています。
【参考】(1) stock　(2) material

第 15 問

< alternative >

この単語の、もっとも適切な日本語を選びなさい。

(1) 先立つ

(2) 代わりの

(3) 成熟した

第 16 問

< committee >

この単語の、もっとも適切な日本語を選びなさい。

(1) 役員会

(2) 委員会

(3) 研究会

第15問の答え　(2) 代わりの

< alternative >

[ɔːltə́ːrnətiv]【形容詞】代わりの、代替の

【解説】形容詞も名詞も alternative です。名詞の場合、よく使われるのは「代わりとなる物、代替物」という意味ですが、ビジネスでは「代替案」という意味で使われることが多いです。TOEIC のパート(5)の語彙問題としては、形容詞と名詞のどちらも重要です。覚えておけば会議などで使えて便利です。
【派】alternate（動）（形）「交互に起こる（動詞、形容詞）」、alternatively（副）「代わりに、あるいは」、alternation（名）「交替」
【例文】Researchers are seeking alternative sources of energy that are eco-friendly.
訳：研究者たちは環境にやさしい代替エネルギー源を探し求めています。
【参考】(1) preceding　(3) mature

第16問の答え　(2) 委員会

< committee >

[kəmíti:]【名詞】委員会

【解説】TOEIC 全般で頻繁に使われる単語です。日本語にもなっているので知らない人は少ないでしょう。リーディングセクションパート(5)で語彙問題として出題されることもあります。頻繁に使われる動詞 commit「～に委ねる、～を託す」の派生語です。
【派】commit（動）「～に委ねる」、committed（形）「献身的な」
【類】panel「委員会」、council「協議会、評議会」
【例文】A committee was formed to investigate the accused politician's financial dealings.
訳：告発されたその政治家の金融取引を調査するために委員会が設立されました。
【参考】(1) board　(3) workshop

第 17 問

< valuable >

この単語の、もっとも適切な日本語を選びなさい。

(1) 価値のある

(2) 洗練された

(3) 本物の

第 18 問

< native >

この単語の、もっとも適切な日本語を選びなさい。

(1) 国内の

(2) ある土地に生まれた

(3) 人種の

第17問の答え　（1）価値のある

< valuable >

[vǽljəbl]【形容詞】価値のある、貴重な、高価な

【解説】パート（5）の語彙問題で出題されることがあります。難しいのは同じく形容詞の valued「高く評価された、貴重な」が一緒に選択肢に入っていることが多いことです。逆に valued を選ばせる問題で valuable が選択肢に入っていることもあります。valuable と valued の使い方の違いを、いくつかの例文にあたって明確にさせましょう。

【派】value（名）「価値」、valuables（名）「貴重品」、valuation（名）「評価額」

【類】precious「貴重な」

【例文】Hotel guests can store their valuable belongings in the safe.
訳：ホテルの客は貴重品を金庫に保管することができます。

【参考】（2）sophisticated　（3）authentic

第18問の答え　（2）ある土地に生まれた

< native >

[néitiv]【形容詞】ある土地に生まれた、母国の、(ある場所)特有の

【解説】パート（5）の語彙問題で、出題されたことがあります。ネイティブという言葉は半分日本語になっていますが、名詞の「土地の人」という意味は知っていても、executives native to that country「その国出身の重役」などのような表現で、形容詞として使われるとできない人が意外に多いです。

【例文】The American company in China chose native executives for key posts.
訳：中国にあるそのアメリカ企業は、主要ポストに中国人の重役を選びました。

【参考】（1）domestic　（3）racial

第 19 問

< unique >

この単語の、もっとも適切な日本語を選びなさい。

(1) 独特の

(2) 多様の

(3) 包括的な

第 20 問

< unbearably >

この単語の、もっとも適切な日本語を選びなさい。

(1) 安全に

(2) 厳格に

(3) 耐えられないほど

【4章 パート5・6によく出る単語・熟語】 217

第19問の答え　(1) 独特の

< unique >

[ju:ní:k]【形容詞】独特の、独自の、唯一の、とても珍しい

【解説】unique design、unique idea、unique method などのようにビジネスでよく使う単語です。パート(5)の語彙問題で出題されたことがあります。日本語になっている「ユニーク」とニュアンスが一致しないせいか、問題文にビジネス関連の英文が使われていると unique を入れると気がつかない人が多いです。日頃からビジネス関連の英文を読んでいると、よく目にする単語です。
【派】uniqueness（名）「独特さ」、uniquely（副）「独特に、独自に」
【類】sole「唯一の」、distinctive「独特の」
【例文】The toy sold well because it was unique in its design.
訳：そのおもちゃはデザインが独特だったのでよく売れました。
【参考】(2) diverse　(3) comprehensive

第20問の答え　(3) 耐えられないほど

< unbearably >

[ʌnbéərəbli]【副詞】耐えられないほど、我慢できないほどの

【解説】パート(5)で適切な意味の副詞を選ぶ問題として出題されたことがあります。bear には「持つ」という意味以外に「耐える」という意味があり、それに un と able がついて「耐えられない」という意味になり、さらに語尾に ly がついて副詞の「耐えられないほど」という意味になる、と理解すると覚えやすいです。
【派】bear（動）「耐える」、bearable（形）「耐えられる」
【類】intolerably「耐えられないほどに」
【例文】It has been unbearably cold for the past few weeks.
訳：ここ数週間、耐えられないほどの寒さが続いています。
【参考】(1) securely　(2) strictly

第 21 問

< detailed >

この単語の、もっとも適切な日本語を選びなさい。

(1) 詳細な

(2) 特別な

(3) あいまいな

第 22 問

< involve >

この単語の、もっとも適切な日本語を選びなさい。

(1) 構成する

(2) 含む

(3) 組み立てる

第21問の答え　　　（1）詳細な

< detailed >

[dí:teild]【形容詞】詳細な、細部にわたる

【解説】detailed は、detailed account「詳細な説明」、detailed study「詳細な研究」などのようにビジネスでよく使います。覚えておけば仕事で使えて便利です。TOEIC でも特にリーディングセクションで使われることが多いです。
【派】detail（名）（動）「詳細、詳しく述べる」
【類】minute「詳細な」
【例文】Her manager would like a detailed list of her business expenses.
訳：彼女の上司は彼女の経費の詳細なリストがほしいと思っています。
【参考】(2) special　(3) vague

第22問の答え　　　（2）含む

< involve >

[inválv]【動詞】含む、巻き込む、没頭させる

【解説】パート(5)で分詞の問題として、involving を選ぶのか、involved を選ぶのかを問われることも、語彙問題として出題されることもあります。他にも全パートを通して頻繁に使われます。日常生活やビジネスでも頻繁に使う単語です。
【派】involved（形）「関係している」、involvement（名）「関与」
【類】include「含む」、entail「伴う」
【例文】The lawsuit involves a breach of contract.
訳：その訴訟には契約違反問題が含まれています。
【参考】(1) constitute　(3) assemble

第 23 問

< expiration date >

この単語の、もっとも適切な日本語を選びなさい。

(1) 締め切り

(2) 有効期限

(3) 締め切り期日

第 24 問

< manner >

この単語の、もっとも適切な日本語を選びなさい。

(1) 方法

(2) 手引書

(3) 態度

[4章 パート5・6によく出る単語・熟語] 221

第23問の答え　（2）有効期限

< expiration date >

[èkspəréiʃən dèit]【名詞】有効期限、満了日

【解説】パート(5)で語彙問題として出題されることがあります。expiration の派生語である動詞の expire「満期になる」も、同じくパート(5)で語彙問題として出題されています。expiration date、expire ともにリスニングセクションのパート(2)やパート(3)で使われることもあります。日常生活でもビジネスでも頻繁に使う表現です。
【派】expire（動）「期限が切れる」
【例文】This credit card's expiration date is June 2010.
訳：このクレジットカードの有効期限は 2010 年 6 月です。
【参考】(1) deadline　(3) due date

第24問の答え　（1）方法

< manner >

[mǽnər]【名詞】方法、流儀、形式

【解説】in a polite manner「礼儀正しい方法で」のように、TOEIC に出る場合 in a manner を問う熟語の問題として出る場合が多く、主にパート(5)で出題されています。5〜6年前は in a manner という熟語自体が問われる問題でしたが、最近は manner の前につく形容詞を問う問題としての出題のほうが多いです。頻出問題ではありませんが、覚えておけば使えます。
【類】fashion「方法」、style「流儀」、means「手段」、method「方法」
【例文】The employee did not like the manner in which he was fired.
訳：その従業員は自分が解雇されたときのやり方が気に入りませんでした。
【参考】(2) manual　(3) attitude

第 25 問

< challenging >

この単語の、もっとも適切な日本語を選びなさい。

(1) びっくりさせるような

(2) やりがいのある

(3) 将来有望な

第 26 問

< wage >

この単語の、もっとも適切な日本語を選びなさい。

(1) 報奨金

(2) 賃金

(3) 送金

【4章 パート5・6によく出る単語・熟語】 223

第25問の答え　（2）やりがいのある

< challenging >

[tʃǽlindʒiŋ]【形容詞】やりがいのある、興味をそそる、きつい

【解説】パート(5)の語彙問題で出題されたことがあります。ビジネスでよく使う単語です。「課題」という意味の名詞 challenge もパート(5)で出題されたことがあります。challenging も challenge もよく使う単語ですが、仕事で英語を使っている人を除けば、正確な意味を知らない人が意外と多い単語です。

【例文】She is looking for a challenging and promising position in finance.
訳：彼女はやりがいがあり、将来有望な金融関係の職を探しています。

【参考】(1) amazing　(3) promising

第26問の答え　（2）賃金

< wage >

[wéidʒ]【名詞】賃金、報酬

【解説】パート(5)で語彙問題として出題されたこともありますが、全体を通して時々使われる単語です。wage と salary の違いは、時間給や日給で支払われている賃金が wage で、毎月決まった額を手にする日本のサラリーマンが受け取っているようなお金が salary です。

【類】pay「給与」、compensation「賃金、報酬」

【例文】The employees went on strike due to an ongoing wage dispute.
訳：従業員たちは、継続中の賃金紛争のためにストライキに入りました。

【参考】(1) incentive　(3) remittance

第 27 問

< sales representative >

この単語の、もっとも適切な日本語を選びなさい。

(1) 営業担当者

(2) 売上高

(3) 営業部

第 28 問

< routinely >

この単語の、もっとも適切な日本語を選びなさい。

(1) いつになく

(2) 際だって

(3) 定期的に

【4章 パート5・6によく出る単語・熟語】 225

第27問の答え　（1）営業担当者

< sales representative >

[séilz reprizèntətiv]【名詞】営業担当者、販売員

【解説】外資系企業では sales representative のことを「セールスレップ」と日本語のように日常的に使っています。パート(5)で語彙問題として出題されたこともありますが、全パートを通して使われる単語です。
【類】salesperson「営業担当者」
【例文】The sales representative visited his client's office this morning.
訳：その営業担当者は今朝、顧客のオフィスを訪れました。
【参考】(2) sales figures　(3) sales department

第28問の答え　（3）定期的に

< routinely >

[ru:tí:nli]【副詞】定期的に、いつものように、日常的に、通常

【解説】パート(5)でさまざまな副詞の中から「適切な意味の副詞を選ぶ問題」がほぼ毎回出ますが、そこで出題されたことのある単語です。パート(7)の「読解問題」で使われることもあります。また名詞の routine「日常業務、決まりきった仕事」も、パート(5)の語彙問題に出題されたことがあります。
【派】routine（名）「日課」
【類】regularly「定期的に」
【例文】The supervisor routinely checks up on the status of the project.
訳：上司はプロジェクトの現状を定期的にチェックします。
【参考】(1) unusually　(2) remarkably

第 29 問

< worth >

この単語の、もっとも適切な日本語を選びなさい。

(1) ～の価値がある

(2) 劣った

(3) 事前の

第 30 問

< concerning >

この単語の、もっとも適切な日本語を選びなさい。

(1) ～を超えて

(2) ～にもかかわらず

(3) ～に関して

【4章 パート5・6によく出る単語・熟語】 227

第29問の答え （1）〜の価値がある

< worth >

[wə́:rθ]【形容詞】〜の価値がある、〜に相当する

【解説】リスニングセクションのパート (3) や (4)、またリーディングセクションのパート (7) などでも時々使われます。パート (5) でも語彙問題として出題されることがあります。難しいのは、似た意味の単語で同じく形容詞の、worthy や worthwhile が選択肢に入っている場合が多く、単語→日本語の意味として覚えるのではなく、いくつかの例文をあたって使い方の違いを明確にする必要があります。

【派】worthy（形）「価値がある」、worthwhile（形）「価値のある」

【例文】The house is now worth only 30 percent of its original sale price.

訳：その家は今では当初の販売価格の30%の価値しかありません。

【参考】（2）inferior （3）prior

第30問の答え （3）〜に関して

< concerning >

[kənsə́:rniŋ]【前置詞】〜に関して

【解説】パート (5) で語彙問題として時々出題される前置詞です。前置詞の regarding と同じ意味です。出題頻度は regarding のほうが高いですが、concerning も時々出るので両方一緒に覚えましょう。

【派】concern（名）「心配」、concerned（形）「関係している」

【類】regarding「〜に関して」、relating to「〜に関して」、with regard to「〜に関して」

【例文】A memo was posted concerning the recent incidents of theft at the workplace.

訳：最近職場で起きた盗難事件に関し、社内メモが掲示されました。

【参考】（1）beyond （2）despite

第 31 問

< liable >

この単語の、もっとも適切な日本語を選びなさい。

(1) 脆弱な

(2) 法的責任がある

(3) 〜しがちな

第 32 問

< take measures >

この熟語の、もっとも適切な日本語を選びなさい。

(1) 対策を講じる

(2) 効力が生じる

(3) 引き継ぐ

【4章 パート5・6によく出る単語・熟語】 229

第31問の答え （2）法的責任がある

< liable >
[láiəbl]【形容詞】法的責任がある、〜しがちな

【解説】全体を通してよく使われる単語です。パート(5)で語彙問題として出題されたこともあります。liable 自体の意味を問う問題以外に、be liable for 〜「〜に法的責任がある」という熟語を問う問題としても出題されたことがあります。
【派】liability（名）「法的責任」
【類】accountable「責任がある」
【例文】Guests may be liable for any damages to the hotel room.
訳：宿泊客はホテルの部屋に与えたいかなる損害にも法的責任を負う可能性があります。
【参考】(2) vulnerable (3) prone

第32問の答え （1）対策を講じる

< take measures >
【熟語／慣用表現】対策を講じる、手段をとる

【解説】パート(5)の「適切な意味の動詞を入れる問題」として出題されたことがあります。同じ意味の take steps も出題されました。パート(5)以外でも、パート(3)や(4)、パート(7)などでも使われることがあります。
【類】take steps「対策を講じる」
【例文】The government has taken strong measures to battle software theft.
訳：政府はソフトウェアの違法コピーに対処するため、強力な対策をとりました。
【参考】(2) take effect (3) take over

第 33 問

< review >

この単語の、もっとも適切な日本語を選びなさい。

(1) みなす

(2) 見直す

(3) 改定する

第 34 問

< make a contribution >

この熟語の、もっとも適切な日本語を選びなさい。

(1) 改善する

(2) 決定する

(3) 寄付する

第33問の答え　　（2）見直す

< review >

[rivjúː]【動詞】見直す、再検討する、論評する

【解説】リスニングセクションのパート(2)や(3)でもよく使われますが、リーディングセクションのパート(5)で語彙問題として出題されることがあります。動詞としての出題以外に、名詞の「論評」という意味を問う語彙問題として出題されたこともあります。ビジネス必須単語です。

【例文】The human resources department periodically reviews workers' records in order to determine raise in pay.
訳：人事部は、昇給に関する決定を行うために、定期的に社員の業績を調査しています。

【参考】(1) view　(3) revise

第34問の答え　　（3）寄付する

< make a contribution >

【熟語/慣用表現】寄付する、貢献する

【解説】make a contribution は動詞の contribute と同じ意味です。よく使われる表現で TOEIC にもパート(5)で make a contribution の contribution を入れる語彙問題として、また適切な動詞 make を入れる問題として、出題されたことがあります。「貢献する」という意味は知っていても「寄付する」という意味があることを知らない人が多いです。「寄付する」という意味で出ることも多いので一緒に覚えましょう。

【派】contribute（動）「貢献する、寄付する」
【類】donate「寄付する」
【例文】The CEO made a generous contribution to UNICEF.
訳：その最高経営責任者はユニセフに多額の寄付をしました。
【参考】(1) make an improvement　(2) make a decision

第 35 問

< skilled >

この単語の、もっとも適切な日本語を選びなさい。

(1) 専門的な

(2) 才能のある

(3) 熟練した

第 36 問

< be committed to >

この熟語の、もっとも適切な日本語を選びなさい。

(1) 〜と連絡を取っている

(2) 〜にたとえられる

(3) 〜すると約束する

第35問の答え （3）熟練した

< skilled >

[skíld] 【形容詞】熟練した

【解説】「熟練工」のことを skilled worker と言いますが、パート(5)の語彙問題で skilled worker の skilled を問う問題が過去に数度出題されています。他のパートで出たことはほとんどありません。

【派】skill（名）「技能」、skillful（形）「熟練した」、skillfully（副）「巧みに」

【例文】She is skilled at developing software.
訳：彼女はソフトウェア開発に熟達しています。

【参考】（1）technical （2）talented

第36問の答え （3）〜すると約束する

< be committed to >

【熟語 / 慣用表現】〜すると約束する、〜に傾倒する、〜に献身する

【解説】be committed to 〜にはいろいろな意味があります。一般的によく使われるのは「〜に専心する」という意味ですが、ビジネスでよく使われるのは「〜すると約束する」という意味で、特に契約書などで使われることが多いです。その関係か TOEIC でも「〜すると約束する」という意味で出ることが多いです。前置詞の to が問われることもあります。

【派】commitment（名）「約束、公約、献身」

【例文】The company is committed to completing the project by the deadline.
訳：その会社は、そのプロジェクトを期日までに仕上げることを約束しています。

【参考】（1）be in contact with （2）be compared to

第 37 問

< be satisfied with >

この熟語の、もっとも適切な日本語を選びなさい。

(1) ～に満足している

(2) ～で占められている

(3) ～に代わる

第 38 問

< immediately >

この単語の、もっとも適切な日本語を選びなさい。

(1) すぐに

(2) 適切に

(3) 明確に

第37問の答え　(1) 〜に満足している

< be satisfied with >

【熟語 / 慣用表現】〜に満足している

【解説】日常生活で頻繁に使う表現です。TOEICではパート(5)で出ることがあります。satisfiedの部分が空欄になっていることが多いですが、まれにwithが空欄の場合もあるので、表現全体をきちんと覚えましょう。逆の意味のbe dissatisfied with「〜に不満足である」も出題されたことがあります。
【派】satisfy（動）「満足させる」、satisfaction（名）「満足」、satisfactory（形）「満足のいく、十分な」
【類】be happy with「〜に満足している」、be content with「〜に満足している」、be pleased with「〜に喜んでいる」
【例文】Eighty percent of our customer base is satisfied with our service.
訳：顧客基盤の80%が当社のサービスに満足しています。
【参考】(2) be occupied with　(3) be replaced with

第38問の答え　(1) すぐに

< immediately >

[imí:diətli]【副詞】すぐに、直ちに

【解説】日常生活で頻繁に使われる単語ですが、TOEICでは特にパート(5)で適切な意味の副詞を入れる問題として数度出題されています。また、immediately after「〜の直後に」という表現でimmediatelyを問う問題として出題されたこともあります。immediately afterも日常生活で頻繁に使う表現です。
【派】immediate（形）「即座の」
【類】promptly「即座に」、instantly「即座に」、right away「すぐに」、at once「すぐに」
【例文】Immediately after the chairman arrived, the board members started the meeting.
訳：会長が到着するとすぐに役員会のメンバーは会議を始めました。
【参考】(2) appropriately　(3) definitely

第 39 問

< comply >

この単語の、もっとも適切な日本語を選びなさい。

(1) 従う

(2) 申し込む

(3) 暗示する

第 40 問

< competent >

この単語の、もっとも適切な日本語を選びなさい。

(1) 革新的な

(2) 注目すべき

(3) 能力のある

第39問の答え　　(1) 従う

< comply >

[kəmplái]【動詞】従う、応じる

【解説】comply with「〜に従う」という表現で、動詞の comply や前置詞の with を問う問題としてパート(5)で出題されたことがあります。パート(5)だけでなく、全パートを通して時々使われる単語です。
【派】compliance（名）「遵守」
【類】obey「従う」
【例文】Some countries are failing to comply with the Kyoto Protocol.
訳：京都議定書の取り決めに従っていない国がいくつかあります。
【参考】(2) apply　(3) imply

第40問の答え　　(3) 能力のある

< competent >

[kámpətnt]【形容詞】能力のある、適任の

【解説】パート(5)で語彙問題として出題されたことがあります。competent workforce や、competent adviser のように後ろに「(職業としての) 人がくる場合」によく使われます。
【派】compete（動）「競う」、competitive（形）「競争の」、competition（名）「競争」
【例文】They are seeking a competent English speaker to deal with foreign clients.
訳：彼らは外国の顧客と取引するために、英語が堪能な人材を探しています。
【参考】(1) innovative　(2) remarkable

第 41 問

< reputation >

この単語の、もっとも適切な日本語を選びなさい。

(1) 社会的地位

(2) 評判

(3) 点数

第 42 問

< worthwhile >

この単語の、もっとも適切な日本語を選びなさい。

(1) 卓越した

(2) 有効な

(3) 価値のある

【4章 パート5・6によく出る単語・熟語】 239

第41問の答え　(2) 評判

< reputation >

[rèpjətéiʃən]【名詞】評判、名声

【解説】TOEIC 全般を通してよく出る単語です。パート(5)でも数度出題されていて、well-deserved reputation という表現で reputation を選ぶ問題として、develop a good reputation という表現で適切な動詞を選ぶ問題としてなど、さまざまな形で出題されています。

【派】repute（名）「評判、名声」

【例文】The company's reputation was damaged by the president's sudden arrest.
訳：社長の突然の逮捕によって、その会社の評判に傷がつきました。

【参考】(1) status　(3) score

第42問の答え　(3) 価値のある

< worthwhile >

[wə́:rθwáil]【形容詞】価値のある、やりがいのある

【解説】TOEIC 全般を通してよく出る単語です。ビジネスでは、投資する価値がある、研究する価値がある、費用を使って宣伝をする価値がある、などのような表現を使うことが多く、TOEIC で出る場合もそのような内容の英文で出ることが多いです。難しいのはパート(5)で出題される場合で、選択肢に意味の似た単語のworth や worthy の両方があることが多いことです。それぞれの使い方の違いを例文を使ってきちんと覚えておく必要があります。

【派】worth（名）「価値」、worthy（形）「(～するに) 値する」

【例文】The money they invested to upgrade the equipment proved to be worthwhile.
訳：彼らが設備の改良に投資したお金は、それだけの価値があったことがわかりました。

【参考】(1) prominent　(2) valid

第 43 問

< terms >

この単語の、もっとも適切な日本語を選びなさい。

(1) 項目

(2) 条件

(3) 契約

第 44 問

< grateful >

この単語の、もっとも適切な日本語を選びなさい。

(1) 感謝している

(2) 喜んでいる

(3) 満足している

【4章 パート5・6によく出る単語・熟語】

第 43 問の答え　　(2) 条件

< terms >

[tə́:rmz]【名詞】(契約の) 条件、条項

【解説】term には、「条件」以外にも、「期間」、「言葉」など、さまざまな意味があり、それぞれの意味で頻繁に使われ、TOEIC にもそれぞれの意味で出ます。「条件」という意味で使われる場合は terms と複数形になります。terms「条件」は、契約関連の書類で使われることが多く、ビジネスでは重要な単語です。
【類】conditions「(契約の) 条件」
【例文】The terms of the contract are being negotiated with the client.
訳：契約条件は現在、取引先と交渉中です。
【参考】(1) item　(3) contract

第 44 問の答え　　(1) 感謝している

< grateful >

[gréitfl]【形容詞】感謝している

【解説】I am grateful to「～に感謝する」という形でよく使います。TOEIC ではパート(3)の「会話文問題」や、パート(4)の「説明文問題」の受賞を感謝するスピーチ、またパート(6)で顧客に出す手紙やメールで出ることもあります。
【派】gratefully (副)「感謝して」
【類】thankful「感謝している」
【例文】Mrs. Parker was grateful for the flowers we sent for her husband's funeral.
訳：パーカー夫人は、夫の葬儀にわれわれが送った供花に感謝しました。
【参考】(2) delighted　(3) satisfied

第 45 問

< voluntary >

この単語の、もっとも適切な日本語を選びなさい。

(1) 自発的な

(2) 事務の

(3) はっきりしない

第 46 問

< be likely to >

この熟語の、もっとも適切な日本語を選びなさい。

(1) 〜することができる

(2) 〜したがっている

(3) 〜しそうである

第45問の答え　（1）自発的な

< voluntary >

[vάləntèri]【形容詞】自発的な、志願の、ボランティアの

【解説】TOEICではリーディングセクションで使われることが多い単語です。パート(5)で語彙問題として出題されたことも、品詞問題として出題されたこともあります。副詞のvoluntarily「自発的に、自主的に」もパート(5)で出ることがあるので一緒に覚えましょう。
【派】volunteer（名）「志願者」、voluntarily（副）「自発的に」
【類】spontaneous「自発的な」
【例文】The training session was offered to employees on a voluntary basis.
訳：その研修は任意参加の形で従業員に提供されました。
【参考】（2）clerical　（3）vague

第46問の答え　（3）～しそうである

< be likely to >

【熟語/慣用表現】～しそうである、～する可能性がある

【解説】パート(5)で熟語問題として出ることがあります。後ろに動詞が続く場合は be likely to を使いますが、後ろに節（S + V）が続くときは be likely that を使います。be likely to が出ても、be likely that が出てもできるようにしましょう。
【類】probable「起こりうる」
【例文】The housing market is likely to collapse within the next six months.
訳：住宅市場は今後6か月以内に暴落しそうです。
【参考】（1）be able to　（2）be eager to

第 47 問

< substantial >

この単語の、もっとも適切な日本語を選びなさい。

(1) 持続可能な

(2) かなりの

(3) きわめて重要な

第 48 問

< compensation >

この単語の、もっとも適切な日本語を選びなさい。

(1) 保険料

(2) 補償

(3) 免除

[4章 パート5・6によく出る単語・熟語] 245

第 47 問の答え　　（2）かなりの

< substantial >

[səbstǽnʃl]【形容詞】かなりの、本質的な、実在する

【解説】ビジネス関連のレポートなどで頻繁に見かける単語です。TOEIC ではリーディングセクションで使われることが多いですが、特にパート(5)やパート(6)で語彙問題として数度出題されています。副詞の substantially「十分に、かなり」もパート(5)で出ることがあるので一緒に覚えましょう。

【例文】The engineers require a substantial budget to design the prototype.
訳：その技術者たちは試作品を設計するために、かなりの予算を必要としています。

【参考】(1) sustainable　(3) essential

第 48 問の答え　　（2）補償

< compensation >

[kàmpənséiʃən]【名詞】補償、報酬、賠償金

【解説】一般的に使われるのは「補償」という意味ですが、「報酬」という意味もあり、外資系企業の一部では「報酬」という意味での compensation を半ば日本語のように使っています。最近の TOEIC はビジネス系の内容にシフトしているせいか、パート(5)で「報酬」という意味を問う語彙問題として出題されています。

【派】compensate（動）「補償する、〜に報酬を支払う」

【例文】We received a $100 voucher as compensation for our cancelled flight.
訳：私たちの便が欠航になった賠償として、100 ドルのクーポン券を受け取りました。

【参考】(1) premium　(3) exemption

第 49 問

< be short of >

この熟語の、もっとも適切な日本語を選びなさい。

(1) ～が不足している

(2) ～を切らしている

(3) ～を免れている

第 50 問

< gratitude >

この単語の、もっとも適切な日本語を選びなさい。

(1) 安堵

(2) 満足

(3) 感謝

【4章 パート5・6によく出る単語・熟語】 247

第49問の答え　(1) ～が不足している

< be short of >
【熟語/慣用表現】～が不足している、乏しい

【解説】ビジネス関連の英文を読んでいるとよく目にする表現です。TOEICではパート(5)で慣用表現を問う問題として出題されたことがあります。shortは形容詞ですが、名詞shortageを使ったbe a shortage ofという表現も過去にパート(5)で出題されています。
【類】insufficient「不十分な」
【例文】He is short of money for living expenses, so he took out a loan.
訳：生活費が足りないので彼は借金をしました。
【参考】(2) be out of　(3) be free of

第50問の答え　(3) 感謝

< gratitude >
[grǽtətjùːd]【名詞】感謝、感謝の気持ち

【解説】パート(6)の「長文穴埋め問題」やパート(7)の「読解問題」では、取引先や顧客に出す手紙やメールが取り上げられることが多く、そのような英文でよく使われる単語です。「express one's gratitude」という表現が使われることが多いです。この表現を覚えれば仕事での会話やメールで使えます。
【類】appreciation「感謝」、gratefulness「感謝の気持ち」
【例文】As a token of gratitude for his years of service, he was given a watch.
訳：永年勤続に対する感謝のしるしとして、彼は時計を贈られました。
【参考】(1) relief　(2) satisfaction

第 51 問

< revenue >

この単語の、もっとも適切な日本語を選びなさい。

(1) 手数料

(2) 収益

(3) 税金

第 52 問

< interrupt >

この単語の、もっとも適切な日本語を選びなさい。

(1) 中断する

(2) 表明する

(3) 翻訳する

第51問の答え　(2) 収益

< revenue >

[révənjùː]【名詞】収益、歳入、所得

【解説】TOEIC では revenue という単語も出ますが、sales revenue「総売上高」という表現が出ることのほうが多いです。sales revenue は損益計算書など会計関連のレポートでよく使われます。TOEIC には会計関連のレポートで使われる表現が出ることが多いです。

【類】income「収入」、earnings「収益」、profit「利益」

【例文】The sales revenue for the third quarter was just below target.

訳：第3四半期の営業収益は目標を少し下回りました。

【参考】(1) fee　(3) duty

第52問の答え　(1) 中断する

< interrupt >

[ìntərʌ́pt]【動詞】中断する、妨害する

【解説】日常会話でよく使う単語です。TOEIC ではパート(5)で語彙問題として出題されたこともありますが、パート(5)以外でもパート(2)、(3)、(7)など他のパートでも使われる単語です。

【派】interruption（名）「妨害」

【類】bother「邪魔をする」

【例文】She interrupted the meeting to inform the president about an urgent matter.

訳：彼女は社長に緊急事態を知らせるために会議を中断しました。

【参考】(2) express　(3) translate

第 53 問

< majority >

この単語の、もっとも適切な日本語を選びなさい。

(1) 好況

(2) 大多数

(3) 投票

第 54 問

< inspiring >

この単語の、もっとも適切な日本語を選びなさい。

(1) 長続きする

(2) 感動的な

(3) 奮起させる

第53問の答え　（2）大多数

< majority >

[mədʒɔ́rəti]【名詞】大多数、過半数、多数党

【解説】パート(5)の語彙問題で出題されたことがあります。間違いの選択肢に major「主要な（形容詞）、専攻科目（名詞）」などが一緒に出ることが多いです。ほかにもパート(4)やパート(7)などでも使われることがあります。

【派】major（形）「主要な」

【例文】The majority of our employees are satisfied with the working conditions.
訳：当社の従業員の大多数は労働条件に満足しています。

【参考】（1）boom　（3）poll

第54問の答え　（3）奮起させる

< inspiring >

[inspáiəriŋ]【形容詞】奮起させる、活気づける

【解説】主にリーディングセクションで使われることの多い単語です。パート(7)の「読解問題」で出ることもありますが、パート(5)では文法問題としても、語彙問題としても出題されたことがあります。

【派】inspire（動）「鼓舞する」、inspiration（名）「鼓舞」

【例文】The story of his success is inspiring.
訳：彼のサクセスストーリーは人の心を奮起させるものです。

【参考】（1）lasting　（2）moving

第 55 問

< competitive >

この単語の、もっとも適切な日本語を選びなさい。

(1) 競争的な

(2) 独特な

(3) 勤勉な

第 56 問

< thoroughly >

この単語の、もっとも適切な日本語を選びなさい。

(1) 徹底的に

(2) 熱心に

(3) 即座に

【4章 パート5・6によく出る単語・熟語】 253

第55問の答え　(1) 競争的な

< competitive >

[kəmpétətiv]【形容詞】競争的な、競争の激しい、競争力のある

【解説】「競争力のある」という意味での competitive が、パート(5)で語彙問題として出題されたことがあります。ビジネスで頻繁に使われる語彙なので、ほかのパートでもよく使われます。最近の TOEIC はビジネスの内容にシフトしてきているので、ビジネス必須単語は要注意です。

【派】compete（動）「競争する」、competition（名）「競争、競争相手」

【例文】The market for brand electronics has been getting increasingly competitive.
訳：ブランド家電の市場は、ますます競争が激化しています。

【参考】(2) peculiar　(3) industrious

第56問の答え　(1) 徹底的に

< thoroughly >

[θə́:rouli]【副詞】徹底的に、完全に、全面的に

【解説】パート(5)で品詞問題として、また適切な意味の副詞を入れる問題として出ることがあります。形容詞の thorough「徹底的な、十分な」も、やはりパート(5)で出題されることがあるので、一緒に覚えましょう。

【派】thorough（形）「徹底的な」、thoroughness（名）「徹底」
【類】completely「徹底的に」

【例文】The claims adjuster examined the damage thoroughly during his evaluation.
訳：損害査定人は査定時に損害の状態を徹底的に調べました。

【参考】(2) enthusiastically　(3) promptly

254

第 57 問

< nominate >

この単語の、もっとも適切な日本語を選びなさい。

(1) 寄付する

(2) 指名する

(3) 昇進させる

第 58 問

< compensate >

この単語の、もっとも適切な日本語を選びなさい。

(1) 監督する

(2) 報酬を支払う

(3) 蓄積する

第57問の答え　(2) 指名する

< nominate >

[námənèit]【動詞】指名する、推薦する、任命する

【解説】リーディングセクションのパート(6)やパート(7)で使われることがある単語です。何かの賞の受賞候補者や企業を「指名する」という話で使われることが多いです。半分日本語になっているので知らない人は少ないはずです。

【派】nomination（名）「指名」、nominee（名）「候補者として指名された人」

【例文】He has been nominated as one of the candidates for the new CEO.
訳：彼は新しいCEOの候補者の一人として指名されています。

【参考】(1) donate　(3) promote

第58問の答え　(2) 報酬を支払う

< compensate >

[kámpənsèit]【動詞】報酬を支払う、弁償する

【解説】一般的には「償う」という意味で使うことが多いですが、TOEICがビジネス系の内容にシフトしているせいか、TOEICに出る場合は「報酬を支払う」という意味で出ることが多いです。リスニングセクションのパート(2)や(3)の会話で使われることもありますが、パート(5)で語彙問題として出題されることもあります。

【派】compensation（名）「報酬、弁償」

【例文】The workers complained that they were not adequately compensated.
訳：労働者たちは、自分たちが十分に報酬を支払われていないことに不平を言いました。

【参考】(1) supervise　(3) accumulate

第 59 問

< in advance >

この熟語の、もっとも適切な日本語を選びなさい。

(1) 前もって

(2) 手短に

(3) 全体的に

第 60 問

< enforce >

この単語の、もっとも適切な日本語を選びなさい。

(1) 判断する

(2) 維持する

(3) 実施する

【4章 パート5・6によく出る単語・熟語】 257

第59問の答え　(1) 前もって

< in advance >
【熟語 / 慣用表現】前もって

【解説】ビジネスで頻繁に使われる表現です。TOEICではパート(6)の「長文穴埋め問題」で、この表現を問う問題が出題されることがあります。パート(6)では取引先や顧客に出すメールや手紙が引用されることが多く、そのような英文で使われることの多い表現です。メールや手紙でよく使われるこの表現はマークしておく必要があります。

【類】beforehand「前もって」、previously「あらかじめ、以前に」、prior to「〜に先立って」

【例文】Before coming to our office, please call in advance.
訳：当社にお越しになる前には、事前にお電話ください。

【参考】(2) in brief　(3) in general

第60問の答え　(3) 実施する

< enforce >
[enfɔ́ːrs]【動詞】実施する、強要する

【解説】ビジネス関連の英文ではよく使われるので、日ごろからビジネス系の英文を読んでいる人にとっては難しい単語ではありませんが、そうでない人には少し難しい単語かもしれません。パート(5)でもパート(6)でも語彙問題として出題されたことがあります。パート(7)で使われることもあります。

【派】enforcement（名）「施行」

【類】implement「実行する」、execute「実行する」

【例文】The police are beginning to strictly enforce laws against drunk driving.
訳：警察は飲酒運転を罰する法律に基づいた取り締まりを強化し始めています。

【参考】(1) judge　(2) maintain

第 61 問

< precisely >

この単語の、もっとも適切な日本語を選びなさい。

(1) 理想的には

(2) 正確に

(3) 明白に

第 62 問

< on average >

この熟語の、もっとも適切な日本語を選びなさい。

(1) せいぜい

(2) 概して

(3) 平均して

【4章 パート5・6によく出る単語・熟語】 259

第 61 問の答え　　（2）正確に

< precisely >

[prisáisli]【副詞】正確に、精密に

【解説】日常的に頻繁に使う単語です。パート(5)でさまざまな副詞の中から「適切な意味の副詞を選ぶ問題」がほぼ毎回出ますが、そこで出題されたことがあります。精密機械のことを precision instrument と言いますが、この precision は precisely の名詞形です。

【派】precise（形）「正確な」、precision（名）「精度」

【例文】The engineer explained precisely what was wrong with the design.
訳：技師は設計上の誤りを正確に説明しました。

【参考】(1) ideally　(3) evidently

第 62 問の答え　　（3）平均して

< on average >
【熟語 / 慣用表現】平均して

【解説】日常的によく使う表現です。TOEIC でも全般にわたって使われる単語です。前置詞を間違えて使う人がいるせいか、パート(5)で on average の、前置詞 on を入れさせる問題として出題されたことがあります。覚えておけば便利に使える表現です。

【例文】He works 60 hours a week on average.
訳：彼は週平均 60 時間働いています。

【参考】(1) at most　(2) in general

第 63 問

< critic >

この単語の、もっとも適切な日本語を選びなさい。

(1) 批評家

(2) 弁護士

(3) 会計士

第 64 問

< enhance >

この単語の、もっとも適切な日本語を選びなさい。

(1) 改善する

(2) 導入する

(3) 高める

【4章 パート5・6によく出る単語・熟語】 261

第63問の答え　　（1）批評家

< critic >
[krítik] 【名詞】批評家、評論家

【解説】リーディングセクションで使われることの多い単語です。パート(5)の英文でも the harshest critic「もっとも厳しい批評家」のような表現で何度か使われていますが、パート(7)の「読解問題」でも出ることがあります。

【派】critical（形）「批判の」、critically（副）「批判的に」、criticize（動）「批判する」

【例文】The food critic for the New York Times gave this restaurant a bad review.
訳：ニューヨークタイムズの食の評論家は、このレストランに悪い評価を与えました。

【参考】（2）attorney　（3）accountant

第64問の答え　　（3）高める

< enhance >
[enhǽns] 【動詞】高める、強化する

【解説】リーディングセクションで主に使われる単語ですが、パート(5)や(6)でも語彙問題として出題されたことがあります。日ごろから英語の新聞やレポートなどを読んでいる人は知っている単語です。TOEICには関係ありませんが、下の例文に使われている fuel cell は「燃料電池」という意味です。

【派】enhanced（形）「強化された、改良された」、enhancement（名）「強化、増強」

【例文】The fuel cells enhance the car's fuel efficiency.
訳：その燃料電池は自動車の燃費を向上させます。

【参考】（1）improve　（2）introduce

第 65 問

< at the cost of >

この熟語の、もっとも適切な日本語を選びなさい。

(1) ～を代表して

(2) ～を犠牲にして

(3) ～と交換に

第 66 問

< instead of >

この熟語の、もっとも適切な日本語を選びなさい。

(1) ～の代わりに

(2) ～にかかわらず

(3) ～を担当して

第65問の答え　(2) ～を犠牲にして

< at the cost of >
【熟語/慣用表現】～を犠牲にして

【解説】日常生活でもビジネスでもよく使われる表現です。TOEICではリスニングセクション、リーディングセクション全パートを通して使われます。パート(5)で熟語問題として出題されたこともあります。

【例文】He upheld the integrity of his position at the cost of upsetting his political supporters.

訳：自分の政治的支持者を怒らせるという代償を払っても、彼の職業上の清廉さを守りました。

【参考】(1) on behalf of　(3) in exchange for

第66問の答え　(1) ～の代わりに

< instead of >
【熟語/慣用表現】～の代わりに、～ではなく

【解説】日常的によく使う表現です。A instead of B「Bの代わりにA」の形で使うことが多いです。リスニング、リーディング両セクションを通して時々使われる表現です。パート(5)の「短文穴埋め問題」としても出題されたことがあります。

【類】in place of「～の代わりに」

【例文】He has decided to pursue a law degree instead of an MBA.

訳：彼はMBAではなく法律の学位を取ることに決めました。

【参考】(2) regardless of　(3) in charge of

264

第 67 問

< behind schedule >

この熟語の、もっとも適切な日本語を選びなさい。

(1) 予定通りに

(2) 予定より遅れて

(3) 予定より早く

第 68 問

< comparable >

この単語の、もっとも適切な日本語を選びなさい。

(1) 無料の

(2) 匹敵する

(3) かなりの

第67問の答え　(2) 予定より遅れて

< behind schedule >
【熟語 / 慣用表現】予定より遅れて

【解説】ビジネスで頻繁に使う表現です。反対の「予定より早く」は、ahead of schedule と of が入ります。behind schedule も ahead of schedule も両方ともパート(5)で出題されたことがあります。それぞれ覚えておけば仕事で使えて便利な表現です。

【例文】His boss called him to find out why the project was behind schedule.
訳：上司は彼にプロジェクトが予定より遅れている理由をつきとめるように言いました。

【参考】(1) on schedule　(3) ahead of schedule

第68問の答え　(2) 匹敵する

< comparable >
[kámpərəbl]【形容詞】匹敵する、比較できる

【解説】comparable price「可比価格」、comparable products「匹敵する製品」のように覚えておけば、ビジネスで便利に使える単語です。パート(5)で語彙問題として出題されたことがあります。

【派】compare（動）「匹敵する、比較する」、comparably（副）「匹敵するほど」

【類】equivalent「同等の」

【例文】The price of imported apples is comparable to that of apples grown domestically.
訳：輸入リンゴの価格は、国産リンゴの価格と同じくらいです。

【参考】(1) complimentary　(3) considerable

第 69 問

< evaluation form >

この単語の、もっとも適切な日本語を選びなさい。

(1) 評価表

(2) 申込用紙

(3) 登録書

第 70 問

< barely >

この単語の、もっとも適切な日本語を選びなさい。

(1) 正確に

(2) 習慣的に

(3) かろうじて

【4章 パート5・6によく出る単語・熟語】267

第69問の答え　(1) 評価表

< evaluation form >

[ivæljuèiʃən fɔ́:rm]【名詞】評価表

【解説】外資系企業では年に数回社員の評価を行います。その際に使われるのが evaluation form です。アメリカでは世界的に有名な教授でも1タームにほぼ2度、生徒がこの evaluation form を使って評価をします。パート(5)の語彙問題で出題されたことがありますが、他のパートでも時々使われます。

【派】evaluate（動）「評価する」

【例文】Managers must fill out the evaluation forms prior to the employee performance reviews.
訳：管理職は従業員の業績評価を行う前に、評価表に記入しなければなりません。

【参考】(2) application form　(3) registration form

第70問の答え　(3) かろうじて

< barely >

[béərli]【副詞】かろうじて、ほとんど~ない

【解説】よく使う表現で、TOEIC ではリスニング、リーディングそれぞれのセクションで使われます。パート(5)では、さまざまな副詞から英文の意味に合う副詞を選ぶ問題が、ほぼ毎回に出題されているのでよく使う副詞は重要です。

【派】bare（形）「ほんの、むき出しの」

【類】scarcely「かろうじて、ほとんど~ない」

【例文】They just barely finished the project by the deadline.
訳：彼らはやっとのことで、プロジェクトを期限までに終わらせました。

【参考】(1) precisely　(2) habitually

第 71 問

< consistent >

この単語の、もっとも適切な日本語を選びなさい。

(1) 一貫した

(2) 平行した

(3) 適した

第 72 問

< clarify >

この単語の、もっとも適切な日本語を選びなさい。

(1) 構成する

(2) 認める

(3) 明らかにする

【4章 パート5・6によく出る単語・熟語】

第71問の答え　(1) 一貫した

< consistent >

[kənsístənt]【形容詞】一貫した、一致した

【解説】リスニング、リーディング両セクションを通してよく出る単語です。特にパート(5)では語彙問題としても、また品詞問題で空欄に入れる品詞の前後に置かれ、ヒントとなる単語としても使われています。consistent は形容詞なので、その直前が空欄であれば形容詞を修飾する副詞が入ります。

【派】consistency（名）「一貫性」、consist（動）「一致する」

【例文】The price on their web page is not consistent with the advertisement.
訳：その会社のウェブページに掲載されている価格は、広告と一致していません。

【参考】(2) parallel　(3) suitable

第72問の答え　(3) 明らかにする

< clarify >

[klǽrifài]【動詞】明らかにする、明確にする

【解説】パート(7)の「読解問題」でよく出る単語です。パート(5)の語彙問題の誤答としても使われることもあります。Let me clarify ～ .のような英文は、覚えておけば会議やプレゼンテーションなどで便利に使えます。

【派】clear（形）（動）「明らかな、明らかにする」、clarification（名）「明確化」

【例文】He didn't understand his client's request completely, so he sent an e-mail to clarify it.
訳：彼は取引先の要求が十分には理解できなかったので、それを明確にするために電子メールを送りました。

【参考】(1) compose　(2) acknowledge

第 73 問

< install >

この単語の、もっとも適切な日本語を選びなさい。

(1) 設置する

(2) 駐在させる

(3) 調整する

第 74 問

< deliberately >

この単語の、もっとも適切な日本語を選びなさい。

(1) 思慮深く

(2) 意図的に

(3) 著しく

第 73 問の答え　（1）設置する

< install >

[instɔ́:l]【動詞】設置する、就任させる

【解説】「ソフトをインストールする」のように install はすでに日本語として使われているので、「設置する」という意味は誰でも知っていると思います。実はそれ以外に、「〜を就任させる、任命する」という意味もあり、TOEIC のリーディングセクションで数度使われていますが、知らない人が多いです。「〜を就任させる、任命する」という意味も一緒に覚えましょう。
【派】installation（名）「設置」、installment（名）「分割払いの 1 回分」
【類】fix「取りつける」
【例文】She installed the new software on her computer.
訳：彼女は自分のコンピューターに新しいソフトウェアをインストールしました。
【参考】(2) station　(3) adjust

第 74 問の答え　（2）意図的に

< deliberately >

[dilíbərətli]【副詞】意図的に、わざと

【解説】パート(5)ではほぼ毎回出る問題に、さまざまな副詞の中から英文の意味に合う副詞を選ぶ問題がありますが、そこで出題されたことがあります。英文を読んでいるとよく出てくる単語なので、英文を読み慣れている人にとっては簡単な単語ですが、そうでない人にとっては少し難しい単語かもしれません。
【派】deliberate（形）「意図的な、慎重な」、deliberation（名）「熟考、慎重さ」
【例文】She deliberately left the office early to avoid being invited for drinks.
訳：彼女は飲みに誘われないように、わざと早めに退社しました。
【参考】(1) thoughtfully　(3) significantly

第 75 問

< convene >

この単語の、もっとも適切な日本語を選びなさい。

(1) 会議を開く

(2) 対比する

(3) 譲歩する

第 76 問

< reside >

この単語の、もっとも適切な日本語を選びなさい。

(1) 積み重ねる

(2) 住む

(3) 非難する

第 75 問の答え　　（1）会議を開く

< convene >

[kənvíːn]【動詞】会議を開く、会議を招集する

【解説】convene に「会議を開く」という意味があることを知らない人が多いのですが、パート(5)で語彙問題として出題されたことがあります。出題頻度は高くありません。半分日本語になっている convention「会議」は convene の派生語です。
【派】convention（名）「会議」
【類】assemble「会合する」
【例文】The G8 summit was convened to discuss global warming.
訳：地球温暖化について話し合うために、G8 サミットが開かれました。
【参考】（2）contrast　（3）concede

第 76 問の答え　　（2）住む

< reside >

[rizáid]【動詞】住む、居住する

【解説】TOEIC 全般で時々使われる単語ですが、中でもリーディングセクションでの使用が多いです。派生語の resident「居住者」や residence「住居」も時々出るので一緒に覚えましょう。パート(5)での出題の際に誤答に間違えやすい occupy があることがあります。
【派】residence（名）「住宅、居住」、resident（名）「居住者」
【類】dwell「住む」、inhabit「居住する、生息する」、settle「定住する」
【例文】All new hires are eligible to reside in the company dormitory.
訳：新入社員は全員、社員寮に住む資格があります。
【参考】（1）stack　（3）accuse

第 77 問

< exceptional >

この単語の、もっとも適切な日本語を選びなさい。

(1) 例外的な

(2) 一流の

(3) 平均的な

第 78 問

< harsh >

この単語の、もっとも適切な日本語を選びなさい。

(1) 確固たる

(2) 硬い

(3) 厳しい

第77問の答え　（1）例外的な

< exceptional >

[iksépʃənl]【形容詞】例外的な、特別に優れた

【解説】「例外的な」という意味の exceptional は両セクションを通して使われますが、exceptional にはそれ以外に「優れた」という意味があり、それを知らなければ解けない問題がパート(5)で出題されたことがあります。「例外的な」だけでなく、「優れた」という意味も一緒に覚えましょう。
【派】except（動）「除外する」、exception（名）「例外」
【類】extraordinary「並外れた」
【例文】Only in exceptional cases such as serious illness, would the company extend paid leave.
訳：重病のような例外的な場合にのみ、会社は有給休暇の期間を延長します。
【参考】(2) prestigious　(3) average

第78問の答え　（3）厳しい

< harsh >

[háːrʃ]【形容詞】厳しい、残酷な、辛辣な

【解説】harsh economic conditions「厳しい経済状況」のように、経済関連のレポートで使われることの多い単語です。ビジネス関連や経済記事以外でもよく使われ、harsh critic「厳しい批評家」という表現が、パート(5)で使われたことがあります。よく使われる単語ですが、思いのほか知らない人が多いです。
【派】harshly（副）「厳しく」、harshness（名）「厳しさ」
【類】severe「厳しい」、fierce「厳しい、荒々しい」
【例文】The harsh weather has caused a lot of damage to buildings in the area.
訳：過酷な気候がその地域の建物に多大なダメージを与えました。
【参考】(1) firm　(2) solid

第79問

< adequately >

この単語の、もっとも適切な日本語を選びなさい。

(1) 適切に

(2) 文字通りに

(3) 同時に

第80問

< custom >

この単語の、もっとも適切な日本語を選びなさい。

(1) 日課

(2) 社会的慣習

(3) 規則

第79問の答え　（1）適切に

< adequately >

[ǽdəkwətli]【副詞】適切に、十分に

【解説】頻出単語ではありませんが、主にリーディングセクションで使われます。最近のテストでは、パート(5)で適切な意味の副詞を選ぶ問題がほぼ毎回出題されているため、仕事での会話や文章でよく使われる副詞は重要です。

【派】adequate（形）「適切な」

【例文】After the two banks merged, they realized that they had not prepared adequately.

訳：その二つの銀行が合併した後に、彼らは適切に準備をしていなかったことに気付きました。

【参考】(2) literally　(3) simultaneously

第80問の答え　（2）社会的慣習

< custom >

[kʌ́stəm]【名詞】社会的慣習、習慣、税関、関税

【解説】custom は「(社会的)慣習」という意味ですが、TOEIC では business customs「商習慣」という表現が時々使われます。business custom の custom を入れさせる問題としてパート(5)で出題されたこともあります。「税関」という意味では、customs と複数形になります。

【派】customize（動）「特注で作る」

【例文】The business customs of each country reflect the culture of that country.

訳：それぞれの国の商習慣は、その国の文化を反映しています。

【参考】(1) routine　(3) regulations

第 81 問

< administration >

この単語の、もっとも適切な日本語を選びなさい。

(1) 管理

(2) 発表

(3) 登録

第 82 問

< perception >

この単語の、もっとも適切な日本語を選びなさい。

(1) 授業料

(2) 知識

(3) 認知

第81問の答え　　　（1）管理

< administration >

[ədmìnəstréiʃən]【名詞】管理、運営、行政、政権

【解説】パート(7)の「読解問題」で使われることが多い単語です。administration office「管理事務所」という表現で出ることも多いです。パート(5)の文法問題で品詞を問う問題として形容詞の administrative「管理上の、経営上の」を問う問題が出題されたことがあります。
【派】administer（動）「管理する」、administrative（形）「管理の、行政の」
【類】management「管理」、supervision「管理」
【例文】Their office manager is responsible for the daily administration of the firm.
訳：業務マネージャーは、会社を日常的に管理する責任を負っています。
【参考】(2) presentation　(3) registration

第82問の答え　　　（3）認知

< perception >

[pərsépʃən]【名詞】認知、認識、知覚

【解説】英字新聞やビジネス関連のレポートを読んでいると時々目にする単語です。覚えておけば仕事で使えます。TOEICではパート(5)で語彙問題として出題されたことがあります。パート(5)での正答率を上げようと思えば、このようなきちんとしたレポートで頻繁に使われる単語を覚える必要があります。
【派】perceptive（形）「知覚の」、perceptual（形）「知覚による」
【類】awareness「認識」、recognition「認識」
【例文】The media may have influenced the public's perception of the situation.
訳：メディアはその事態に対する世間の受けとめ方に影響を与えたかもしれません。
【参考】(1) tuition　(2) knowledge

第 83 問

< a fraction of >

この熟語の、もっとも適切な日本語を選びなさい。

(1) 一部の〜

(2) 一連の〜

(3) 多数の〜

第 84 問

< ingredient >

この単語の、もっとも適切な日本語を選びなさい。

(1) 品目

(2) 材料

(3) 外観

第 83 問の答え　　(1) 一部の～

< a fraction of >

【熟語 / 慣用表現】一部の～、ほんのわずかの～

【解説】TOEIC ではパート(5)で熟語問題として出題されたことがあります。fraction「一部分」という単語の意味を知っていれば、a fraction of の意味は推測できるはずです。
【派】fractional（形）「わずかな」
【類】a portion of「～の一部」
【例文】Due to dropping prices, the property is now worth a fraction of its original value.
訳：価格下落のため、その不動産は現在、当初の価値の何分の一かになっています。
【参考】(2) a round of　(3) a number of

第 84 問の答え　　(2) 材料

< ingredient >

[ingríːdiənt]【名詞】材料、原料、食材、成分、構成要素

【解説】日常生活では「(料理の) 材料」という意味でよく使う単語ですが、TOEIC に出る場合は、「(実験や研究などに使う) 原料、材料」の意味でのほうが多いです。リスニングセクションで使われることもありますが、パート(5)で語彙問題として出題されたこともあります。
【類】component「成分、要素」、constituent「成分、構成要素」
【例文】The secret ingredient of the delicious dish is known only to the chef and his assistant.
訳：そのおいしい料理の秘密の材料は、シェフとその助手だけが知っています。
【参考】(1) item　(3) aspect

第 85 問

< mandate >

この単語の、もっとも適切な日本語を選びなさい。

(1) 命令する

(2) 任命する

(3) 指名する

第 86 問

< take effect >

この熟語の、もっとも適切な日本語を選びなさい。

(1) 偶然見つける

(2) 着手する

(3) 効力を生じる

第85問の答え　(1) 命令する

< mandate >

[mændeit]【動詞】命令する

【解説】 ビジネス関連の英文では頻繁に使われ、外資系企業では日本語のように使っているところもあります。パート(5)の品詞問題で空欄直後にこの単語があり、この単語の品詞がわからなければ空欄に入れる品詞もわからない、というタイプの問題もありました。最近は空欄前後のヒントとなる単語に少し難し目のものが出ることも少なくありません。

【派】 mandatory（形）「命令の、義務的な」
【類】 obligate「義務づける」
【例文】 The government mandated that all city employees undergo routine medical checks.
訳：その自治体は市の職員全員に定期健診を受けることを義務づけました。
【参考】 (2) appoint　(3) nominate

第86問の答え　(3) 効力を生じる

< take effect >

【熟語/慣用表現】効力を生じる、(法律などが)実施される

【解説】 リスニングセクションのパート(3)や(4)でも時々使われますが、リーディングセクションのパート(5)やパート(7)でも使われる表現です。effect 関連では、形容詞の effective や副詞の effectively もパート(5)で語彙問題、品詞問題、両方の問題として過去に出題されています。

【例文】 The medication he took 30 minutes ago is beginning to take effect.
訳：彼が30分前に飲んだ薬が効いてきました。
【参考】 (1) come across　(2) go ahead

第 87 問

< disturb >

この単語の、もっとも適切な日本語を選びなさい。

(1) 妨害する

(2) 同情する

(3) 介入する

第 88 問

< challenge >

この単語の、もっとも適切な日本語を選びなさい。

(1) 提案

(2) 妥協

(3) 難問

第87問の答え　（1）妨害する

< disturb >

[distə́ːrb]【動詞】妨害する、邪魔をする、阻害する

【解説】リーディングセクションのパート(5)の語彙問題で出題されたこともありますが、リスニングセクションのパート(2)や(3)の会話文で使われることもあります。日常会話で、Don't disturb me.「邪魔しないでくれ」という表現が頻繁に使われるので、知らない人は少ない単語でしょう。
【派】disturbance（名）「妨害」
【類】interrupt「妨害する」、bother「邪魔をする」
【例文】The hotel must ensure that the guests are not disturbed by the noise.
訳：ホテルはその騒音で宿泊客がわずらわされることがないように手段を講じるべきです。
【参考】(2) sympathize　(3) intervene

第88問の答え　（3）難問

< challenge >

[tʃǽlindʒ]【名詞】難問、課題、挑戦

【解説】ビジネスで「～を実行する上での課題は…」のような文脈で名詞の challenge を使う場合が多く、この意味を問う問題としてパート(5)の語彙問題に出題されたことがあります。仕事で使い慣れている人はわかりますが、英語力があってもビジネス関連の英文に触れる機会が少ない人は知らないことも多いです。
【派】challenging（形）「やりがいのある」
【例文】The researcher accepted the challenge of developing a cheaper lung cancer drug.
訳：その研究者は、より安価な肺がん治療薬を開発するという難題を引き受けました。
【参考】(1) proposal　(2) compromise

第 89 問

< be poised to >

この熟語の、もっとも適切な日本語を選びなさい。

(1) ～する用意ができている

(2) ～することを光栄に思う

(3) ～する資格がある

第 90 問

< a wide range of >

この熟語の、もっとも適切な日本語を選びなさい。

(1) 一連の～

(2) 広範囲の～

(3) 限られた種類の～

第89問の答え (1) ～する用意ができている

< be poised to >
【熟語/慣用表現】～する用意ができている、いつでも～できる

【解説】be poised to という表現を知らない人が多いのですが、経済関連の英文で使う場合、たとえば、「経済が不調なので株価がまさに暴落しそうだ」の「まさに～しそうだ」の部分に be poised to を使います。TOEICではパート(5)で慣用表現を問う問題として出題されたこともあります。フィナンシャルタイムズなどには頻繁に出てくる表現です。
【派】poise（動）「～の準備をする、均衡を保つ」
【例文】ABC Company is poised to become the new market leader.
訳：ABC会社には新たな業界トップになる態勢が整っています。
【参考】(2) be honored to　(3) be eligible to

第90問の答え (2) 広範囲の～

< a wide range of >
【熟語/慣用表現】広範囲の～、さまざまな

【解説】パート(5)で出題されたことがあります。同じ意味で、extensive という形容詞がありますが、こちらのほうが出題頻度ははるかに高いです。a wide range of も extensive も覚えておけば仕事で使えます。
【例文】The electronics store offers a wide range of name brand products.
訳：その電器店は一流ブランドの製品を多数取りそろえています。
【参考】(1) a series of　(3) a limited selection of

第 91 問

< comfortable >

この単語の、もっとも適切な日本語を選びなさい。

(1) 迅速な

(2) 快適な

(3) 有益な

第 92 問

< shortly >

この単語の、もっとも適切な日本語を選びなさい。

(1) 特に

(2) 以前に

(3) まもなく

【4章 パート5・6によく出る単語・熟語】 289

第91問の答え　　（2）快適な

< comfortable >

[kʌ́mftəbl]　【形容詞】快適な、満足している

【解説】日常生活で頻繁に使われる単語です。TOEICではリーディングセクションのパート(5)で語彙問題として出題されたことがあります。リスニングセクションのパート(2)の「応答問題」で使われることもある単語です。
【派】comfort（名）「快適さ」、comfortably（副）「快適に、心地よく」
【類】pleasant「心地よい」
【例文】The seats in first class are very comfortable.
訳：ファーストクラスの座席はとても快適です。
【参考】（1）prompt　（3）beneficial

第92問の答え　　（3）まもなく

< shortly >

[ʃɔ́ːrtli]　【副詞】まもなく、すぐに

【解説】パート(5)で語彙問題として出題されたことがあります。shortlyはアメリカ人よりもイギリス人がよく使う単語です。
【類】promptly「すぐに」
【例文】The pilot just announced that the plane would be landing shortly.
訳：パイロットは飛行機がまもなく着陸するとアナウンスしました。
【参考】（1）particularly　（2）previously

第 93 問

< tool >

この単語の、もっとも適切な日本語を選びなさい。

(1) 目的

(2) 手段

(3) 結果

第 94 問

< cultivate >

この単語の、もっとも適切な日本語を選びなさい。

(1) 育む

(2) 抑制する

(3) 無視する

第 93 問の答え　　(2) 手段

< tool >
[túːl]【名詞】手段、道具

【解説】「道具」という意味は知っていても「手段」という意味は知らない、という人が多いと思います。ビジネス関連の英文では「手段」という意味でよく使います。TOEIC でも「手段」という意味を問う語彙問題として、パート(5)で出題されたことがあります。
【類】device「機器、道具」、instrument「器具」
【例文】Focus groups are an effective tool for getting customer feedback.
訳：フォーカスグループ法は、顧客の意見を得るための効果的な手段です。
【参考】(1) purpose　(3) outcome

第 94 問の答え　　(1) 育む

< cultivate >
[kʌ́ltəvèit]【動詞】育む、耕す

【解説】cultivate の意味として「耕す」しか知らない人が多いですが、「育む」という意味もあり、この意味を問う問題としてパート(5)で出題されたことがあります。パート(7)で出題される似た意味の単語を選ぶ問題もそうですが、辞書では2番目や3番目に掲載されている意味を問う問題も多いです。英文を読みながら覚えれば英文の中での実際の使われ方を覚えられます。
【派】cultivation（名）「育成、耕作」
【例文】The young diplomat cultivated connections through the embassy parties.
訳：その若い外交官は大使館のパーティーを通して人脈を広げました。
【参考】(2) restrain　(3) neglect

第 95 問

< provided >

この単語の、もっとも適切な日本語を選びなさい。

(1) 〜という条件で

(2) 〜と仮定すると

(3) 〜と見られている

第 96 問

< mandatory >

この単語の、もっとも適切な日本語を選びなさい。

(1) 自発的な

(2) 正式な

(3) 命令の

【4章 パート5・6によく出る単語・熟語】 293

第95問の答え　（1）～という条件で

< provided >

[prəváidid]【接続詞】～という条件で、もし～するならば

【解説】頻出単語ではありませんが、パート(5)の語彙問題で出題されたことがあります。provide「提供する」という動詞を連想するためか、provided が「接続詞の働きをし、if の意味がある」ということは知らない人が多いです。日頃から英文を読んでいると出てくるので、英文を読み慣れている人は知っている単語です。

【派】provide（動）「規定する」、provision（名）「規定」、provisional（形）「条件付きの」

【例文】The politician should be re-elected provided no more scandals are reported.
訳：これ以上のスキャンダルが報道されなければ、その政治家は再選されるはずです。

【参考】（2）given　（3）regarded

第96問の答え　（3）命令の

< mandatory >

[mǽndətɔ̀:ri]【形容詞】命令の、強制的な

【解説】動詞 mandate「命令する」の形容詞で、動詞と同様にビジネス関連の英文で頻繁に使われます。パート(5)で語彙問題として出題されたこともあります。他にもパート(7)の「読解問題」で使われることがあります。TOEIC の内容がビジネス寄りにシフトしているため、高得点を狙う人はこのような単語を覚えなければなりません。

【派】mandate（動）「命令する」
【類】compulsory「強制的な」

【例文】It is mandatory that all employees attend the safety training.
訳：全従業員が安全講習に出席するよう命じられています。

【参考】（1）voluntary　（2）official

第 97 問

< adhere to >

この熟語の、もっとも適切な日本語を選びなさい。

(1) ～を参照する

(2) ～を固守する

(3) ～が原因だとする

第 98 問

< reorganize >

この単語の、もっとも適切な日本語を選びなさい。

(1) 再構築する

(2) 規定する

(3) 強くする

第 97 問の答え　（2）〜を固守する

< adhere to >

【熟語 / 慣用表現】〜を固守する、固着する

【解説】パート(5)で熟語問題として出題されたことがあります。be adhered to と受身形で使われることが多いせいか、TOEICでも受身形での出題が大半です。日頃から英文を読んでいる人は知っていますが、そうでない人には少し難しい表現です。

【例文】Employees must adhere to the policies set forth by management.
訳：従業員たちは経営陣が示した方針を遵守しなくてはなりません。

【参考】（1）refer to　（3）attribute to

第 98 問の答え　（1）再構築する

< reorganize >

[rió:rgənàiz]**【動詞】**再構築する、再編成する

【解説】reorganize は re「再び」と organize「組織化する」が組み合わさった単語なので、語源を考えるとその意味は容易に推測できます。パート(5)で語彙問題として出題されたことがあります。このような単語が出題される場合、選択肢には re で始まる似通った単語が並んでいることも多いです。re で始まる単語はいっぱいあるので、それぞれの意味を正確に覚えましょう。

【派】reorganization（名）「再編成」
【類】restructure「再編成する」
【例文】The consultants recommend that we reorganize our IT operations.
訳：コンサルタントは私たちに IT 事業を再構築するよう勧めています。

【参考】（2）stipulate　（3）strengthen

第 99 問

< commence >

この単語の、もっとも適切な日本語を選びなさい。

(1) 始まる

(2) 差し引く

(3) 固執する

第 100 問

< terminate >

この単語の、もっとも適切な日本語を選びなさい。

(1) 同行する

(2) 終了する

(3) 複写する

【4章 パート5・6によく出る単語・熟語】 297

第99問の答え　　（1）始まる

< commence >

[kəméns]【動詞】始まる、開始する

【解説】ビジネス関連のレポートなどでは頻繁に使われているため、仕事で英語を使っている人にとっては見慣れた単語です。パート(6)の「長文穴埋め問題」やパート7の「読解問題」を中心にリーディングセクションの英文で使われることが多い単語です。きちんとした英文を読む機会の少ない人はstartは知っていてもcommenceは知らない、という人が多いです。
【派】commencement（名）「開始」
【類】launch「開始する」
【例文】The Olympic games commenced with the lighting of the torch.
訳：オリンピックは聖火の点火で始まりました。
【参考】（2）deduct　（3）persist

第100問の答え　　（2）終了する

< terminate >

[tá:rmənèit]【動詞】終了する、終結させる

【解説】契約を終了させたり、雇用を終了させる場合によく使う単語です。最近のTOEICではビジネス関連の内容が増えているため、terminateを目にする機会が増えました。TOEICに出る場合も、契約解除や雇用解除に関する英文が多いです。
【派】termination（名）「終結」、terminal（形）「終点、終末の」
【例文】They terminated their contract due to their dissatisfaction with the service.
訳：彼らはサービスへの不満から契約を打ち切りました。
【参考】（1）accompany　（3）duplicate

第 101 問

< precaution >

この単語の、もっとも適切な日本語を選びなさい。

(1) 用心

(2) 義務

(3) 抵抗

第 102 問

< in progress >

この熟語の、もっとも適切な日本語を選びなさい。

(1) 事実上

(2) 特に

(3) 進行中で

第101問の答え　　（1）用心

< precaution >

[prikɔ́:ʃən]【名詞】用心、警戒

【解説】as a precaution「用心として」という表現を問う問題として、パート(5)で出題されたことがあります。pre は「あらかじめ」という意味の接頭語で、caution は「用心」という意味です。この二つが合わさったのが precaution なので、「事前の用心」という意味になります。

【派】precautious（形）「用心深い」、precautionary（形）「予防の」

【例文】The security staff took the necessary precautions to ensure our safety.

訳：セキュリティースタッフは、われわれの安全を確保するために必要な予防策を講じました。

【参考】(2) obligation　(3) resistance

第102問の答え　　（3）進行中で

< in progress >

【熟語/慣用表現】進行中で

【解説】パート(5)で in progress の in を入れる前置詞を問う問題として出題されたことがありますが、work in progress「進行中の作業」という表現が使われました。意外に知らない人が多い表現です。

【例文】The meeting is currently in progress in Room 112.

訳：会議は現在112号室で行われています。

【参考】(1) in effect　(2) in particular

第 103 問

< premise >

この単語の、もっとも適切な日本語を選びなさい。

(1) 手順

(2) 敷地

(3) 好み

第 104 問

この単語の、もっとも適切な日本語を選びなさい。

(1) 複写

(2) 記事

(3) パンフレット

【4章 パート5・6によく出る単語・熟語】 301

第103問の答え　　(2) 敷地

< premise >

[prémis]【名詞】敷地、土地、前提、仮定

【解説】仕事では「前提」という意味で使うことが多いですが、TOEICではパート(5)で「敷地、土地」という意味を問う語彙問題として出題されたことがあります。この場合はpremisesと複数形にします。少し難しい単語ですが、日頃から英字新聞を読んだり、仕事で英文を読み慣れている人は知っている単語です。
【例文】Smoking is not allowed on the company premises.
訳：会社の敷地内では喫煙は許されていません。
【参考】(1) procedures　(3) preference

第104問の答え　　(1) 複写

[djú:plikət]【名詞】複写、写し

【解説】契約書などのように書類を2通用意する場合に、in duplicate「正副2通の」という表現を使い、パート(5)で出題されたことがあります。「複写する」という動詞としての意味しか知らない人が多いですが、名詞としてもよく使われます。
【派】duplication（名）「複製」
【例文】To obtain a duplicate of your birth certificate, please fill out the attached form.
訳：出生証明書の写しが必要な方は、添付書類にご記入ください。
【参考】(2) article　(3) brochure

第 105 問

< remedy >

この単語の、もっとも適切な日本語を選びなさい。

(1) 治療法(薬)

(2) 取り扱い

(3) 回復

第 106 問

< serial >

この単語の、もっとも適切な日本語を選びなさい。

(1) 現在の

(2) 連続した

(3) 唯一の

【4章 パート5・6によく出る単語・熟語】 303

第105問の答え　（1）治療法（薬）

< remedy >

[rémədi]【名詞】治療薬、治療法、救済策、救済方法

【解説】「治療法」「治療薬」「救済策」それぞれの意味でよく使われます。TOEICではリーディングセクションで主に使われる単語で、パート(5)で語彙問題として出題されたこともあります。病気の治療に関する場合にも、経済問題などの救済に関する場合にも使えることを覚えておきましょう。
【例文】A well-known flu remedy has been taken off the market.
訳：インフルエンザの有名な治療薬が市場から回収されました。
【参考】(2) treatment　(3) recovery

第106問の答え　（2）連続した

< serial >

[síəriəl]【形容詞】連続した

【解説】serial は「連続した」という意味です。この serial を使った serial number「通し番号」は半ば日本語のようになっていて、仕事の現場では「シリアルナンバー」とカタカナで使っています。serial number の serial を入れる問題がパート(5)で語彙問題として出題されたことがあります。
【派】series（名）「連続、続き物」
【類】sequential「連続して起きる」
【例文】The product's serial number is printed on the invoice.
訳：その製品の通し番号は請求書に印刷されています。
【参考】(1) current　(3) sole

第 107 問

< detour >

この単語の、もっとも適切な日本語を選びなさい。

(1) 迂回路

(2) 歩道

(3) 交差点

第 108 問

< pass through >

この熟語の、もっとも適切な日本語を選びなさい。

(1) 通過する

(2) 範囲を越える

(3) 調べる

【4章 パート5・6によく出る単語・熟語】 305

第107問の答え　　（1）迂回路

< detour >
[díːtuər]【名詞】迂回路、回り道

【解説】意外に高得点保持者でも知らない人の多い単語ですが、パート(5)の語彙問題として出題されたことがあります。日常会話で頻繁に使うので、日常英会話に慣れた人であれば知っている単語です。動詞も同じ detour ですが、過去の TOEIC では名詞での出題です。

【類】roundabout「回り道」、bypass「バイパス、迂回路」

【例文】Due to construction, we had to take a detour to get to the airport.
訳：工事のため、われわれは空港に行くのに回り道をしなければなりませんでした。

【参考】(2) sidewalk　(3) intersection

第108問の答え　　（1）通過する

< pass through >
【熟語/慣用表現】通過する、貫通する

【解説】日常会話でよく使う表現です。パート(5)で慣用表現を問う問題として出題されたことがあります。どの動詞にどの前置詞が付くのかを問う問題はよく出るので、覚える際には動詞だけでなく、前置詞が付いている場合には前置詞も意識しましょう。

【例文】They will pass through New York on their way to Boston.
訳：彼らはボストンに行く途中で、ニューヨークを通過します。

【参考】(2) go beyond　(3) look over

第 109 問

< beforehand >

この単語の、もっとも適切な日本語を選びなさい。

(1) 偶発的な

(2) 前例のない

(3) 前もって

第 110 問

< recognition >

この単語の、もっとも適切な日本語を選びなさい。

(1) 自覚

(2) 表彰

(3) 証明書

第 109 問の答え　（3）前もって

< beforehand >

[bifɔ́ːrhæ̀nd]【副詞】前もって、事前に

【解説】よく使う単語です。TOEIC ではパート (5) で語彙問題として出題されたことがあります。英語を使い慣れた人にとっては簡単な単語ですが、知らない人も意外に多いです。
【類】ahead「前もって」、in advance「事前に」
【例文】Please check with me beforehand if you need to use my computer.
訳：私のコンピューターを使う必要があれば、前もって私に相談してください。
【参考】(1) contingent　(2) unprecedented

第 110 問の答え　（2）表彰

< recognition >

[rèkəgníʃən]【名詞】表彰、認識、認知、承認

【解説】「認識」や「認知」は知っていても recognition に「表彰」という意味があることは知らない人が多いと思います。パート (5) の語彙問題で、この「表彰」という意味を問う問題が出題されたことがあります。単語は英文の中で覚えると語感が強化され、知らない意味を推測できることも多いです。
【派】recognize（動）「表彰する、認める」
【例文】She received recognition for her achievements during the awards ceremony.
訳：彼女は授賞式で自身の業績に対する表彰を受けました。
【参考】(1) awareness　(3) certification

第 111 問

< managerial >

この単語の、もっとも適切な日本語を選びなさい。

(1) 経営上の

(2) 管理できる

(3) 好ましい

第 112 問

< remainder >

この単語の、もっとも適切な日本語を選びなさい。

(1) 根拠

(2) 報酬

(3) 残り

第111問の答え　(1) 経営上の

< managerial >

[mǽnədʒíəriəl]【形容詞】経営上の

【解説】 ビジネスでよく使う単語です。パート(5)で語彙問題として出題された際には、選択肢に同じ形容詞の manageable があり、間違えてこれを選んだ人が多かったです。仕事で英語を使っている人には簡単な単語ですが、そうでない人には難しいかもしれません。パート(5)の誤答の選択肢は「いかにも間違えそう」なものを意識的に入れていることも多いので気をつけましょう。

【例文】 Because it is a managerial problem, the staff will not be involved.
訳：それは経営上の問題なので、スタッフが関わることはないでしょう。

【参考】 (2) manageable　(3) agreeable

第112問の答え　(3) 残り

< remainder >

[riméindər]【名詞】残り、余り

【解説】 リスニングセクションのパート(3)や(4)でも使われることもありますが、パート(5)の語彙問題で出題されたこともあります。remaining「残りの」と間違える人がいますが、remaining は形容詞なので後ろに名詞が続きます。名詞の remainder も形容詞の remaining も、覚えておけば仕事で使えます。

【派】 remain（動）「残る」、remaining（形）「残りの」

【例文】 After finishing the report, the remainder of my day was spent reviewing it.
訳：私は報告書を書き上げたあと、その日の残りの時間をその見直しに費やしました。

【参考】 (1) basis　(2) reward

第113問

< acting >

この単語の、もっとも適切な日本語を選びなさい。

(1) かなりの

(2) 一時的な

(3) 代理の

第113問の答え　(3) 代理の

< acting >
[ǽktiŋ]【形容詞】代理の、代行する

【解説】最近は出題されていませんが、過去に acting manager「部長代理」の acting を選ばせる問題がパート(5)の語彙問題として出題されたことがあります。外国の企業との取引も増えているので、覚えておけば自分や上司の肩書きの説明に使えます。

【類】substitute「代理の」、temporary「一時的な」

【例文】While the manager was away on a business trip, the section chief was appointed to be the acting manager.

訳：部長が出張で留守の間、課長が部長代理に指名されました。

【参考】(1) substantial　(2) temporary

自作解説

できる人のTOEICテスト勉強法
中経出版 2008年8月

　本書は、「TOEICを勉強したいが、何からどの順番で手をつければいいのかわからない」という人に向けて書いたものです。

「中村先生の文庫本を買い、気に入ったので他の本も買いたいのですが、どういう順番に買い、どう使えばいいですか?」

　というメールを、メルマガの読者から頻繁にいただきます。書店に行けばTOEIC関連の本が山積みされていて何を買えばいいのかわからない、インターネット上には情報があふれていてどれが正しいのかわからない、という方は多いと思います。特に、点数が高くない方の中に「何から手をつければ」と、途方に暮れている方が多いようです。

　各種試験には試験特有の特徴があるので、受験英語の勉強＝TOEICの勉強でもないし、英検の勉強＝TOEICの勉強でもありません。もちろん、重複部分がまったくないわけではありませんが、TOEICはアメリカの機関によって作成されているので作成手法が日本で作成されているテス

自作解説

トとは当然違いますし、主にビジネスマン向けのテストですから、使われる語彙も受験英語や英検とは異なります。

かたや、会社から「突然730点以上をだすように言われた」と困り果てている方も多いのが現状です。そういう方は英語の勉強を一から始める時間的余裕はありません。そこで、この本では、効率的に点数をUPさせる方法を示しています。ただし、英語のテストですから、相応の時間はかけなければ、短期間での点数UPは見込めません。それなりの勉強時間をとって勉強してください。

また、何から始めればいいのか一目でわかるように、巻頭でチャートにまとめています。

本書のもう一つの特徴は、短期間で点数を大幅に上げた人の体験談を多く掲載している点です。点数UPに必要なのはモティベーションの維持です。他の人の体験談を読むことで、自分を励ますことができます。また、点数がなかなか上がらない場合、勉強方法を修正する必要がありますが、その参考にもなります。

「さあ、これから勉強を」という方、「勉強方法、これでいいのかなあ」と不安な方、にお勧めの1冊です。

5章

パート7によく出る単語・熟語

【パート7】
リーディングセクション、パート7の「読解問題」によく出る単語・熟語を集めました。パート4にも出る、少し難しめの単語とビジネス関連の単語が多いです。

第1問

< subscribe >

この単語の、もっとも適切な日本語を選びなさい。

(1) 描写する

(2) 処方する

(3) 定期購読する

第2問

< editor >

この単語の、もっとも適切な日本語を選びなさい。

(1) 評論家

(2) 作者

(3) 編集者

第1問の答え　（3）定期購読する

< subscribe >

[səbskráib]【動詞】定期購読する、予約購読する、署名する

【解説】改変後のTOEICでは、パート(7)の「読解問題」で、雑誌などの読者が編集者に出す手紙が出ることが多く、そのような英文で頻繁に使われる単語です。名詞の subscription「定期購読」、人を表す subscriber「定期購読者」などの単語も頻繁に使われます。

【派】subscriber（名）「定期購読者」、subscription（名）「定期購読」

【例文】He subscribes to *The Economist*.
訳：彼は「エコノミスト」誌を定期購読しています。

【参考】(1) describe　(2) prescribe

第2問の答え　（3）編集者

< editor >

[édətər]【名詞】編集者

【解説】TOEIC改変後、パート(7)の「読解問題」で、雑誌などの読者が編集者に出す手紙の出題が増えました。そうした手紙では宛先のところで、To editor と書かれている場合が多いです。

【派】edit（動）「編集する」、editing（名）「編集」、edition（名）「版」

【例文】Writers must submit articles to the editor by the deadline.
訳：執筆者は、締切までに記事を編集者に提出しなければなりません。

【参考】(1) critic　(2) author

第3問

< imply >

この単語の、もっとも適切な日本語を選びなさい。

(1) 暗示する

(2) 説得する

(3) 提案する

第4問

< wholesaler >

この単語の、もっとも適切な日本語を選びなさい。

(1) 小売業者

(2) 卸売り業者

(3) ブローカー

第3問の答え　(1) 暗示する

< imply >

[implái]【動詞】暗示する、ほのめかす、含意する

【解説】パート(7)の「読解問題」で What is implied in the letter? などのように設問文で使われることが多い単語です。imply は「暗示する」という意味なので、設問文に imply が入っていると、答えは必ずしも直接的な表現で書かれてはおらず、ある程度類推しなくてはなりません。

【派】implication（名）「暗示」、implicit（形）「暗黙の」

【類】hint「ほのめかす」

【例文】Her tone of voice implied that she was expecting a discount.
訳：声の調子からすると、彼女は値引きを期待しているようでした。

【参考】(2) persuade　(3) propose

第4問の答え　(2) 卸売り業者

< wholesaler >

[hóulsèilər]【名詞】卸売り業者、問屋

【解説】ビジネス必須単語で、TOEIC でも全パートを通してよく使われます。特にパート(7)の「読解問題」で使われることが多いです。小売業者のことは retailer と言いますが、wholesaler と同様によく目にする単語です。wholesaler と retailer は一緒に覚えましょう。

【派】wholesale（名）「卸売り」

【例文】The wholesaler sells goods to retailers.
訳：卸売り業者は小売業者に商品を販売します。

【参考】(1) retailer　(3) broker

第5問

< warning >

この単語の、もっとも適切な日本語を選びなさい。

(1) 警告

(2) 予測

(3) 声明

第6問

< attach >

この単語の、もっとも適切な日本語を選びなさい。

(1) 割り当てる

(2) 指名する

(3) 添付する

第5問の答え　(1) 警告

[wɔ́ːrniŋ]【名詞】警告、警戒、警報

【解説】日常生活でも頻繁に使う単語で、壁に WARNING という見出しで始まる警告文が貼ってあったりするので知らない人は少ないでしょう。パート(4)の「説明文問題」やパート(7)の「読解問題」などで使われることがあります。
【派】warn（動）「警告する」
【類】alarm「警報、警告」、alert「警戒状態」
【例文】The warning label says that smoking is hazardous to the health.
訳：警告ラベルには、喫煙は健康に害をもたらすと書いてあります。
【参考】(2) prediction　(3) statement

第6問の答え　(3) 添付する

< attach >

[ətǽtʃ]【動詞】添付する、付随する

【解説】パート(6)の「長文穴埋め問題」やパート(7)の「読解問題」で、取引先に出す手紙やメール、求人広告が出題されることが多いです。そのような問題では「資料や履歴書を添付する」という意味の英文が使われることが多く、添付するという意味の attach が頻繁に使われます。名詞の attachment「添付（書類）」も時々使われます。
【派】attachment（名）「添付書類、付属品」、attached（形）「付属の」
【例文】Please be sure to attach the necessary documents before submitting your invoice.
訳：請求書を提出する前に、必要な書類を必ず添付してください。
【参考】(1) allocate　(2) appoint

第7問

< human resources >

この単語の、もっとも適切な日本語を選びなさい。

(1) 人権

(2) 人材

(3) 人間関係

第8問

< indicate >

この単語の、もっとも適切な日本語を選びなさい。

(1) 指摘する

(2) 明らかにする

(3) 証明する

第7問の答え　　（2）人材

< human resources >

[hjúːmən ríːsɔːrsiz]【名詞】人材、人的資源、人事部

【解説】リスニング、リーディングの両セクションで頻繁に使われる単語です。「人材」以外に、「人事部」という意味で使われることが多いです。人事関連の用語や表現は TOEIC では重要です。

【類】personnel「人事、人事部」

【例文】The company located its factory in the outskirts of the city because of the plentiful human resources.

訳：その会社は、人材が豊富であるという理由で、その都市の郊外に工場を建てました。

【参考】(1) human rights　(3) human relations

第8問の答え　　（1）指摘する

< indicate >

[índikèit]【動詞】指摘する、示す、ほのめかす

【解説】特にパート(7)の設問文に What is indicated about ～?「～についてどんなことが示されていますか？」という英文がよく出ます。設問文以外でも頻繁に使われる TOEIC 必須単語の一つです。

【派】indication（名）「指示」、indicative（形）「暗示している」、indicator（名）「指標」

【類】point out「指摘する」

【例文】The client has indicated that he is dissatisfied with our service.

訳：その顧客は当社のサービスに不満足であるという気持ちを明らかにしました。

【参考】(2) reveal　(3) prove

第 9 問

< business performance >

この単語の、もっとも適切な日本語を選びなさい。

(1) 業績

(2) 報奨金

(3) 展示会

第 10 問

< affluent >

この単語の、もっとも適切な日本語を選びなさい。

(1) 法的責任のある

(2) 支払い期限の過ぎた

(3) 裕福な

第 9 問の答え　　　（1）業績

< business performance >

[bíznəs pərfɔ́ːrməns]【名詞】業績、営業実績

【解説】企業のアニュアルレポート（年次報告書）や業績関連のレポートなどで頻繁に目にする単語です。最近の TOEIC はビジネス系の英文や表現が多く、この表現も、リーディングセクションのパート(5)やパート(7)で時々使われます。覚えておくと仕事で使えます。

【類】business transaction「商取引」、business contact「取引先」

【例文】The company has initiated training programs to better manage its business performance.
訳：その会社は業績をよりしっかりと管理するために研修プログラムを始めました。

【参考】(2) incentive　(3) trade fair

第 10 問の答え　　　（3）裕福な

< affluent >

[ǽfluənt]【形容詞】裕福な、豊かな

【解説】TOEIC では問題文と選択肢で単語を言いかえる場合が多く、affluent は、rich や wealthy のような単語の言いかえとして使われます。

【類】wealthy「裕福な」

【例文】They market their most expensive products directly to affluent customers.
訳：彼らは最も高額な製品を富裕層の顧客に直接販売します。

【参考】(1) liable　(2) overdue

第 11 問

< stress >

この単語の、もっとも適切な日本語を選びなさい。

(1) 信頼する

(2) 強調する

(3) 衝突する

第 12 問

< gain >

この単語の、もっとも適切な日本語を選びなさい。

(1) つかむ

(2) 要求する

(3) 得る

第11問の答え　（2）強調する

< stress >
[strés]【動詞】強調する、圧力を加える

【解説】TOEIC では問題文と選択肢で同じ意味の別の単語に言いかえる場合が多く、stress は、emphasize の言いかえに使われる場合が多いです。stress は「強調する」という意味でよく使うので、知らない人は覚えましょう。

【類】emphasize「強調する」、underline「強調する」

【例文】She stressed the importance of keeping clients' records confidential.
訳：彼女は顧客情報の秘密保持について、その重要性を強調しました。

【参考】（1）entrust　（3）collide

第12問の答え　（3）得る

< gain >
[géin]【動詞】得る、獲得する

【解説】動詞としての gain「得る」も、名詞としての gain「利益」もビジネスで頻繁に使うため、TOEIC でも全般を通して使われることが多いです。半分日本語になっている「キャピタルゲイン」のゲインもこの名詞の gain なので、想像すれば意味はわかるでしょう。

【類】obtain「獲得する」、earn「獲得する」

【例文】He switched companies in order to gain new skills.
訳：彼は新しい技能を身につけるために会社を変わりました。

【参考】（1）grab　（2）require

第 13 問

< surplus >

この単語の、もっとも適切な日本語を選びなさい。

(1) 余剰

(2) 赤字

(3) 残高

第 14 問

< stock exchange >

この単語の、もっとも適切な日本語を選びなさい。

(1) 上場会社

(2) 証券取引所

(3) 銀行口座

第13問の答え　(1) 余剰

< surplus >

[sə́:plʌs]【名詞】余剰、黒字、余剰金、余剰人員

【解説】ビジネス必須単語です。ビジネス関連のレポートでは余剰在庫（surplus inventory）、経済関連のレポートでは貿易黒字（trade surplus）などのようにさまざまに使われています。TOEIC でも時々使われる単語です。
【類】excess「余剰分」
【例文】We have a surplus of unsold items taking up space in our warehouses.
訳：私たちは売れ残りの余剰在庫を抱え、それが倉庫の場所をとっています。
【参考】(2) deficit　(3) balance

第14問の答え　(2) 証券取引所

< stock exchange >

[sták ikstʃéindʒ]【名詞】証券取引所

【解説】ビジネス必須単語なので、パート(1)を除く全パートで使われる単語です。stock は「株式」という意味があり、exchange は「交換」という意味があるので、株式を交換するところ、つまり「証券取引所」と覚えておくといいでしょう。東京証券取引所であればこの単語の前に Tokyo が付き、ニューヨーク証券取引所であればこの単語の前に New York が付きます。
【例文】The stock exchange in New York is on Wall Street.
訳：ニューヨークの証券取引所はウォールストリートにあります。
【参考】(1) listed company　(3) bank account

第 15 問

< reference >

この単語の、もっとも適切な日本語を選びなさい。

(1) 参照

(2) 意味

(3) 浸透

第 16 問

< accommodation >

この単語の、もっとも適切な日本語を選びなさい。

(1) 引用

(2) 推薦

(3) 宿泊施設

第15問の答え　（1）参照

< reference >

[réfərəns]【名詞】(信用)照会先、参照、言及、照会、参考資料

【解説】参照という意味でも出ることがありますが、パート(7)で出題の多い求人広告関連の英文で「(信用)照会先」という意味でよく使われます。reference を recommendation「推薦(状)」と勘違いしている人が多いのですが、reference と recommendation は違います。外資系企業に転職する場合、2～3通の reference の提出を求められることが多いです。
【派】refer（動）「参照する、言及する」、referential（形）「関係のある、参考の」
【例文】You can use the product catalog as a price reference.
訳：その製品カタログは価格を参照するために使えます。
【参考】(2) meaning　(3) penetration

第16問の答え　（3）宿泊施設

< accommodation >

[əkɑ̀mədéiʃən]【名詞】宿泊施設、宿泊設備、順応

【解説】特にリスニングセクションのパート(2)、(4)、リーディングセクションのパート(7)でよく使われる単語です。パート(7)では、ホテルの宣伝文や会議に出席する話が出ることが時々あり、そのような英文で使われることが多い単語です。
【派】accommodate（動）「収容する」
【類】lodging「宿泊施設」
【例文】The accommodations at the Milton Hotel are luxurious.
訳：ミルトンホテルの宿泊設備は豪華です。
【参考】(1) quotation　(2) recommendation

第 17 問

< donation >

この単語の、もっとも適切な日本語を選びなさい。

(1) 寄付

(2) 賞

(3) 供給

第 18 問

< recommendation >

この単語の、もっとも適切な日本語を選びなさい。

(1) 昇進

(2) 推薦

(3) 相談

第 17 問の答え　　(1) 寄付

< donation >

[dounéiʃən] 【名詞】寄付、寄付金

【解説】アメリカでは寄付による減税効果が大きく、またキリスト教社会でもあるため、寄付が頻繁になされています。TOEIC にもパート(7)の「読解問題」などで寄付の話が時々出ます。寄付を表す単語は donation のほかに contribution があり、寄付という意味での contribution も頻繁に使われます。
【派】donate（動）「寄付する」、donator（名）「寄付する人」
【類】contribution「寄付、貢献」、subscription「寄付、義援金」、gift「贈与」
【例文】He made a large donation to charity.
訳：彼は慈善事業に多額の寄付をしました。
【参考】(2) award　(3) supply

第 18 問の答え　　(2) 推薦

< recommendation >

[rèkəməndéiʃən] 【名詞】推薦、推薦状、提言

【解説】TOEIC 全般を通して、求人広告や求人広告関連の英文が頻繁に出ます。recommendation はそのような英文で使われることが多く、中でも特にパート(7)の「読解問題」で使われることが多いです。求人広告関連の英文で使われる reference「照会先」と勘違いしている人が多いので気をつけましょう。recommendation と reference は違います。
【派】recommend（動）「推薦する」、recommendable（形）「推薦できる」
【類】endorsement「推薦」
【例文】He wrote letters of recommendation for his junior colleague.
訳：彼は後輩のために推薦状を書きました。
【参考】(1) promotion　(3) consultation

第 19 問

< liabilities >

この単語の、もっとも適切な日本語を選びなさい。

(1) 司書

(2) 負債

(3) 実験室

第 20 問

< shareholder >

この単語の、もっとも適切な日本語を選びなさい。

(1) 監査役

(2) 会社役員

(3) 株主

第 19 問の答え　　（2）負債

< liabilities >

[làiəbílətiz]【名詞】負債

【解説】通常複数形で使い、liabilities で「負債」という意味になります。会計関連のレポートで頻繁に使われます。TOEIC にはビジネス関連、特に会計関連のレポートで使われる単語が頻繁に出ます。特にパート(7)の「読解問題」で使われることが多い単語です。また、貸借対照表の「負債の部」には liabilities を、「資産の部」には assets を使います。

【例文】The total liabilities of bankrupt companies were up 100 percent last month.

訳：倒産企業の負債総額は先月 100% 増加しました。

【参考】（1）librarian　（3）laboratory

第 20 問の答え　　（3）株主

< shareholder >

[ʃéərhòuldər]【名詞】株主

【解説】ビジネス必須単語です。したがって、ビジネス関連の内容にシフトしている TOEIC でも、全般を通してよく出る単語です。株主のことは stockholder とも言い、TOEIC でも stockholder という表現が使われることもあります。

【類】stockholder「株主」

【例文】The primary shareholder owns 51 percent of the company stock.

訳：筆頭株主は、その会社の株の 51% を保有しています。

【参考】（1）auditor　（2）executive

第 21 問

< dividend >

この単語の、もっとも適切な日本語を選びなさい。

(1) 配当金

(2) 株式

(3) 資産

第 22 問

< outlook >

この単語の、もっとも適切な日本語を選びなさい。

(1) 意見

(2) 見通し

(3) 説得

第21問の答え　（1）配当金

< dividend >
[dívidènd]【名詞】配当金

【解説】stock price「株価」、dividend「配当金」、interest rate「金利」などに関する英文が、パート(4)の「説明文問題」やパート(7)の「読解問題」で出ることがあります。これらの単語はビジネス必須単語なので覚えておきましょう。
【類】return「報酬」
【例文】Shareholders will receive a dividend of five cents per share.
訳：株主は、1株あたり5セントの配当を受け取ることになります。
【参考】(2) share　(3) assets

第22問の答え　（2）見通し

< outlook >
[áutlùk]【名詞】見通し、眺望、見解

【解説】economic outlook「経済見通し」や market outlook「市場の見通し」のように、経済、ビジネス関連のレポートなどでよく使います。パート(7)の「読解問題」などで企業業績に関する英文が出ることもあり、そのような英文で使われることがあります。
【類】perspective「見通し」
【例文】The economic outlook is uncertain, so we must take steps to ensure growth.
訳：景気の見通しが不透明なので、われわれは成長を確実にするような措置を講じなければなりません。
【参考】(1) opinion　(3) persuasion

第 23 問

< bulletin board >

この単語の、もっとも適切な日本語を選びなさい。

(1) 掲示板

(2) 通信

(3) 議事録

第 24 問

< obligation >

この単語の、もっとも適切な日本語を選びなさい。

(1) 制約

(2) 義務

(3) 約束

第23問の答え　　（1）掲示板

< bulletin board >

[búlətn bɔ̀:rd]【名詞】掲示板

【解説】以前は大学構内の掲示板を見ている人の写真が出て、その描写文に使われていましたが、TOEIC改変後は、パート(1)で出ることはほとんどなく、パート(2)、(3)、(7)などで出ています。

【例文】The manager posted the memo on the break room's bulletin board.
訳：マネージャーは休憩室の掲示板に、その社内通達文書を貼りました。

【参考】(2) correspondence　(3) minutes

第24問の答え　　（2）義務

< obligation >

[àbligéiʃən]【名詞】義務、責任

【解説】ビジネスがらみの契約書などで使われることの多い単語です。過去にパート(5)で語彙問題として出題されたこともありますが、パート(7)の「読解問題」で使われることもあります。

【派】obligate（動）「義務を負わせる」、oblige（動）「義務づける」、obligatory（形）「義務的な」

【例文】Tenants are under contractual obligation to pay for any damages to the room.
訳：借り主は、部屋に損傷を与えた場合には弁償をするという契約上の義務を負います。

【参考】(1) constraint　(3) engagement

第 25 問

< recipient >

この単語の、もっとも適切な日本語を選びなさい。

(1) 開業医

(2) 主催者

(3) 受取人

第 26 問

< adjacent >

この単語の、もっとも適切な日本語を選びなさい。

(1) 隣接した

(2) 決定的な

(3) 安定した

【5章 パート7によく出る単語・熟語】 341

第 25 問の答え　　(3) 受取人

< recipient >

[risípiənt] 【名詞】受取人

【解説】リスニングセクションの会話文で使われることもありますが、パート(7)の「読解問題」で商品の発送に関する英文や表が出ることがあり、そのような問題で使われることが多いです。
【派】receive（動）「受け取る」、receiver（名）「受け取る人」
【例文】The recipient of the package will sign for it.
訳：小包の受取人が受け取りのサインをします。
【参考】(1) practitioner　(2) organizer

第 26 問の答え　　(1) 隣接した

< adjacent >

[ədʒéisnt] 【形容詞】隣接した

【解説】パート(7)の「読解問題」で建物の改修工事の話が出ることがあり、工事の場所を説明したりする場合に、adjacent to ～「～に隣接した」という表現が時々出てきます。知らない人も多いと思いますが、よく使う単語です。
【派】adjacency（名）「隣接」
【類】neighboring「隣接した」
【例文】He can hear the conversation in the office adjacent to his.
訳：彼は自分のオフィスで、隣りのオフィスの会話が聞こえます。
【参考】(2) critical　(3) stable

第 27 問

< mutual fund >

この単語の、もっとも適切な日本語を選びなさい。

(1) 投資信託

(2) 債券

(3) 株主

第 28 問

< relevant >

この単語の、もっとも適切な日本語を選びなさい。

(1) 価値のある

(2) 適した

(3) 関係のある

第27問の答え　(1) 投資信託

< mutual fund >

[mjú:tfuəl fʌnd] 【名詞】投資信託

【解説】アメリカの投資信託と日本の投資信託は少し仕組みが違うので、「投資信託」という場合、日本では investment trust を使い、アメリカでは mutual fund を使っています。TOEIC はアメリカの機関によって作成されているため、パート(7)の「読解問題」などで出る際には、mutual fund が使われています。investment trust ではなく、mutual fund で覚えましょう。

【例文】He can safely maximize his return by investing in a mutual fund.
訳：彼は投資信託に投資することで、安全に最大の利益を得ることができます。

【参考】(2) bond　(3) stockholder

第28問の答え　(3) 関係のある

< relevant >

[réləvənt] 【形容詞】関係のある、妥当な

【解説】relevant cost「関連コスト」や relevant documents「関係資料」のように、ビジネス関連の文章で頻繁に使われる単語です。TOEIC ではパート(7)の「読解問題」で使われることがあります。

【例文】We will be able to finish the project if all relevant materials can be gathered.
訳：すべての関係資料を集めることができれば、私たちはそのプロジェクトを終えられるでしょう。

【参考】(1) worthy　(2) suitable

第 29 問

< electrical appliance >

この単語の、もっとも適切な日本語を選びなさい。

(1) 家電製品

(2) 電線

(3) 電気技師

第 30 問

< assessment >

この単語の、もっとも適切な日本語を選びなさい。

(1) 問題

(2) 配置

(3) 査定

第29問の答え　（1）家電製品

< electrical appliance >

[iléktrikl əpláiəns]【名詞】家電製品

【解説】パート(2)や、パート(7)でよく使われる単語です。パート(2)では「応募する」という意味の apply に音が似ているので apply という表現が入った問題文に対する誤答の英文に使われることが多いです。パート(7)では電器店の売上やセールに関する話の中でよく出る単語です。

【例文】They sell household electrical appliances such as ovens, refrigerators, and washing machines.
訳：その店ではオーブン、冷蔵庫、洗濯機などの家電製品を販売しています。

【参考】(2) electrical wire　(3) electrical engineer

第30問の答え　（3）査定

< assessment >

[əsésmənt]【名詞】査定、評価

【解説】パート(7)の「読解問題」で使われることがある単語です。選択肢と設問文で単語を言いかえる場合、evaluation と assessment で言いかえが行われることもあります。ビジネスで頻繁に使う単語です。

【派】assess（動）「査定する、評価する」
【類】evaluation「評価」
【例文】The insurance company made a thorough assessment of the damage.
訳：保険会社は損害の徹底的な査定を行いました。

【参考】(1) matter　(2) placement

第 31 問

< fragile >

この単語の、もっとも適切な日本語を選びなさい。

(1) 壊れやすい

(2) 柔軟性のある

(3) 優しい

第 32 問

< rural >

この単語の、もっとも適切な日本語を選びなさい。

(1) 夜通しの

(2) 市の

(3) 田舎の

【5章 パート7によく出る単語・熟語】 347

第31問の答え　(1) 壊れやすい

< fragile >

[frǽdʒəl]【形容詞】壊れやすい、脆弱な

【解説】パート(7)の「読解問題」の、荷物の受け渡しに関する英文などで使われることがあります。海外から何かを配送する際に「壊れやすいもの」には fragile と書かれたシールが貼られているのを目にしたことがあると思います。最近は日本国内での配送の場合でも宅配業者によって日本語の「コワレモノ」ではなく、「fragile」というシールが貼られている場合も多いです。

【類】delicate「壊れやすい」

【例文】The contents of this box are fragile, so please handle the box with care.
訳：この箱の中身は壊れやすいので、取り扱いに注意してください。

【参考】(2) flexible　(3) gentle

第32問の答え　(3) 田舎の

< rural >

[rúərəl]【形容詞】田舎の、農村の、田園の

【解説】日常的によく使う単語で、TOEIC では主に、リーディングセクションのパート(7)の「読解問題」で使われることが多いです。

【例文】The factory is located in a rural area 100 kilometers from the city.
訳：その工場は都市から 100 キロの田園地帯にあります。

【参考】(1) overnight　(2) municipal

第 33 問

< candidate >

この単語の、もっとも適切な日本語を選びなさい。

(1) 候補者

(2) 回答者

(3) 視聴者

第 34 問

< define >

この単語の、もっとも適切な日本語を選びなさい。

(1) 描写する

(2) 定義する

(3) 強調する

第33問の答え　(1) 候補者

< candidate >

[kǽndədèit]【名詞】候補者、立候補者、志願者

【解説】パート(7)の「読解問題」では求人広告が出ることが多いです。求人広告では、The candidate should 〜.「欲しい人材は〜」というような英文が出ることがよくあります。
【派】candidacy（名）「立候補」
【類】applicant「応募者」
【例文】The candidates for the vice-presidency must be interviewed by the CEO.
訳：副社長の候補者は、CEOによる面接を受けなければなりません。
【参考】(2) respondent　(3) viewer

第34問の答え　(2) 定義する

< define >

[difáin]【動詞】定義する、明確にする

【解説】defineは、名詞のdefinition「定義」とともに、パート(3)やパート(7)の設問文で使われることがあります。ビジネスでもよく使われる単語です。
【派】definition（名）「定義」、definite（形）「明確な」、definitely（副）「明確に」
【類】specify「特定する」
【例文】We still haven't clearly defined his role in our organization.
訳：われわれは、組織内での彼の役割をまだはっきり決めていません。
【参考】(1) describe　(3) stress

第 35 問

< diversify >

この単語の、もっとも適切な日本語を選びなさい。

(1) 多様化させる

(2) 獲得する

(3) 規模を縮小する

第 36 問

< ailing >

この単語の、もっとも適切な日本語を選びなさい。

(1) 不可欠な

(2) 低迷している

(3) 控えめな

第35問の答え　(1) 多様化させる

< diversify >

[dəvə́ːrsəfài]【動詞】多様化させる、多角化させる

【解説】形容詞の diversified「多様化された、多角的な」、名詞の diversification「多様化」とともに、アメリカ企業のパンフレットなどでよく使われる単語です。リスク分散のための投資商品の説明用の冊子で、投資の多様化を勧めるときに、やはりこの diversify を使います。TOEIC では主にパート(7)の「読解問題」で使われる単語です。

【派】diverse（形）「多様な」、diversity（名）「多様性」、diversification（名）「多様化、多角化」

【例文】The investment advisor recommended that we diversify our assets.
訳：投資アドバイザーは資産を分散するよう、われわれに勧めました。

【参考】(2) acquire　(3) downsize

第36問の答え　(2) 低迷している

< ailing >

[éiliŋ]【形容詞】低迷している、経営難の、病気の

【解説】経済関連のレポートで、ailing economy や ailing finance などのような表現を使うことがありますが、経済以外でも ailing society のように社会を形容したり、ailing person のように人を形容する場合にも使います。「病気の」という意味でも使いますがTOEIC には出ません。TOEIC ではパート(3)、(4)、(7)で出ることがある単語です。

【類】depressed「不景気の」

【例文】The government had difficulty in finding effective measures for the ailing economy.
訳：政府は景気後退に対する効果的な政策を見つけるのに苦労しました。

【参考】(1) indispensable　(3) modest

第 37 問

< collapse >

この単語の、もっとも適切な日本語を選びなさい。

(1) 入札

(2) 崩壊

(3) 原因

第 38 問

< clause >

この単語の、もっとも適切な日本語を選びなさい。

(1) 合計

(2) 主題

(3) 条項

【5章 パート7によく出る単語・熟語】 353

第37問の答え　　　（2）崩壊する

< collapse >
[kəlæps]【名詞】崩壊、倒壊、破綻

【解説】「ビルの崩壊」などに関する英文で使うこともできますが、ビジネス関連の英文で使う場合は、企業の破綻や経済崩壊などに関する英文で使うことが多いです。最近のTOEICはビジネスの内容にシフトしているため、後者の意味で、パート(4)の「説明文問題」や(7)の「読解問題」で出ることがあります。

【例文】After the market collapse, the country experienced financial hardships.
訳：市場崩壊後、その国は財政的困難を経験しました。

【参考】(1) bid　(3) cause

第38問の答え　　　（3）条項

< clause >
[klɔ́:z]【名詞】条項

【解説】ビジネス関係の契約書で使われる単語で、TOEICではリーディングセクションで時々使われます。契約書関連の単語では、contract「契約（書）」、clause「条項」、term(s)「条件」などがTOEIC必須単語です。

【類】conditions「条件」、provision「規定」、stipulation「規定、条項」

【例文】She referred him to the clause in their contract regarding payment term.
訳：彼女は支払い条件に関しては、契約条項を読むようにと彼に言いました。

【参考】(1) sum　(2) subject

第 39 問

< questionnaire >

この単語の、もっとも適切な日本語を選びなさい。

(1) アンケート

(2) 分析

(3) 判断

第 40 問

< perceive >

この単語の、もっとも適切な日本語を選びなさい。

(1) 感謝する

(2) 認める

(3) 理解する

第39問の答え　（1）アンケート

< questionnaire >

[kwèstʃənéər]【名詞】アンケート、アンケート用紙、調査票

【解説】アンケートは英語だと思っているため、この単語を知らないという人が思いのほかいます。TOEIC全般を通して使われる単語ですが、覚えておくと仕事でも使えます。

【派】question（名）（動）「質問、質問する」

【類】survey「調査、アンケート」、poll「世論調査」、inquiry「調査」

【例文】Customers were asked to fill out a questionnaire rating our service.

訳：顧客は当社のサービスを評価するアンケートに回答するよう頼まれました。

【参考】（2）analysis　（3）judgment

第40問の答え　（2）認める

< perceive >

[pərsíːv]【動詞】認める、理解する

【解説】パート（7）の「読解問題」などで使われます。仕事ではよく使われる単語ですが、くだけた会話にしか慣れていない人は知らないかもしれません。名詞の perception「認識」もリーディングセクションを中心に時々出るのであわせて覚えましょう。

【派】perception（名）「認識」

【例文】Market research is necessary to determine how our brand is perceived.

訳：当社のブランドがどのように認知されているかを知るために市場調査が必要です。

【参考】（1）appreciate　（3）comprehend

第 41 問

< significant >

この単語の、もっとも適切な日本語を選びなさい。

(1) 重要な

(2) 印象的な

(3) 差し迫っている

第 42 問

< outcome >

この単語の、もっとも適切な日本語を選びなさい。

(1) 目的

(2) 成長

(3) 結果

第41問の答え　　　(1) 重要な

< significant >

[signífikənt]【形容詞】重要な、意義深い

【解説】リーディングセクションで時々使われる単語です。副詞の significantly「かなり」もよく出るので一緒に覚えましょう。覚えておけば英文を書く際に便利に使えます。

【派】significance（名）「重要性」、significantly（副）「大いに」、signify（動）「重要である、示す」

【類】meaningful「有意義な」

【例文】This significant information will be used by the company to improve services to customers.
訳：会社はこの重要な情報を、顧客へのサービスを向上させるために使うでしょう。

【参考】(2) impressive　(3) pressing

第42問の答え　　　(3) 結果

< outcome >

[áutkàm]【名詞】結果、成果

【解説】ビジネスや政治関連の英文でよく使う単語です。TOEIC ではリスニングセクション、リーディングセクションを通して時々使われます。特に最近は TOEIC 全体がビジネス系の文章にシフトしているため、ビジネスでよく使う単語には要注意です。

【類】result「結果」、product「成果、結果」、achievement「成果」、accomplishment「成果、達成」

【例文】They were not able to reach a clear outcome in the peace negotiations.
訳：彼らは和平交渉で明確な成果を得ることができませんでした。

【参考】(1) purpose　(2) growth

第 43 問

< concisely >

この単語の、もっとも適切な日本語を選びなさい。

(1) 正確に

(2) 簡潔に

(3) 真剣に

第 44 問

< beverage >

この単語の、もっとも適切な日本語を選びなさい。

(1) 買収

(2) 飲み物

(3) 清算

第43問の答え　　(2) 簡潔に

< concisely >

[kənsáisli]【副詞】簡潔に

【解説】 形容詞 concise「簡潔な」の副詞です。形容詞、副詞ともにリーディングセクションで使われることがありますが、頻度は高くありません。レポートを簡潔にまとめる、意見を簡潔に述べる、など仕事上での会話でよく使います。

【派】 concise（形）「簡潔な」、conciseness（名）「簡潔さ」

【例文】 He kept his presentation short and made his points concisely.
訳：彼はプレゼンテーションを短くし、要点を簡潔に述べました。

【参考】（1） precisely　（3） seriously

第44問の答え　　(2) 飲み物

< beverage >

[bévəridʒ]【名詞】飲み物、飲料

【解説】 日常生活で使われることの多い単語で、TOEICではパート(4)の「説明文問題」や、パート(7)の「読解問題」で出ることがあります。パート(7)にはフェスティバル関連の案内文が出ることがあり、そのような英文で使われることが多いです。

【例文】 The meal includes a beverage of your choice.
訳：お食事にはお好きな飲み物がつきます。

【参考】（1） acquisition　（3） liquidation

第 45 問

< journal >

この単語の、もっとも適切な日本語を選びなさい。

(1) 専門誌

(2) 手引書

(3) 旅行

第 46 問

< minutes >

この単語の、もっとも適切な日本語を選びなさい。

(1) 社内回覧文書

(2) 原稿

(3) 議事録

第 45 問の答え　　(1) 専門誌

< journal >

[dʒə́ːrnl] 【名詞】専門誌、機関紙、新聞

【解説】パート(7)の「読解問題」で出ることがあります。学術の世界では頻繁に使われる単語なので、大学院生や研究機関に勤務している人にとっては耳慣れた単語です。ジャーナリストという日本語から、何となく意味を推測することはできるのではないでしょうか。
【例文】She worked as a reporter for a medical journal and wrote many outstanding articles.
訳：彼女は医学雑誌の記者として働き、多くの優れた記事を書きました。
【参考】(2) manual　(3) journey

第 46 問の答え　　(3) 議事録

< minutes >

[mínəts] 【名詞】議事録

【解説】パート(7)の「読解問題」で公的機関の議事録が出ることがあります。その設問文に、According to this minutes のような英文が出ることがあります。時間を表す minute「分」と勘違いをする人が多いので気をつけましょう。外資系企業では日常的に使われている単語です。
【類】proceedings「議事録」
【例文】The secretary was asked to take down the minutes of the board meeting.
訳：秘書は取締役会の議事録をとるよう頼まれました。
【参考】(1) memorandum　(2) manuscript

第 47 問

< entrepreneur >

この単語の、もっとも適切な日本語を選びなさい。

(1) 起業家

(2) 商人

(3) 代表

第 48 問

< respectively >

この単語の、もっとも適切な日本語を選びなさい。

(1) 謹んで

(2) それぞれ

(3) 心から

【5章 パート7によく出る単語・熟語】 363

第 47 問の答え　　(1) 起業家

< entrepreneur >

[à:ntrəprəné:r]　【名詞】起業家、企業家

【解説】ビジネス必須単語です。経済新聞やビジネス関連のレポートなどを読むと頻繁に出てくる単語です。最近のTOEICはビジネス系の内容にシフトしているせいもあり、パート(4)や(7)ではこのような単語が使われることがあります。発音が難しいので、リスニングの際には気をつけましょう。

【派】entrepreneurship（名）「起業家精神」

【例文】The entrepreneur is seeking investors for the new business that she is starting.

訳：その起業家は自分が始めようとしている新しいビジネスへの投資家を探しています。

【参考】(2) merchant　(3) representative

第 48 問の答え　　(2) それぞれ

< respectively >

[rispéktivli]　【副詞】それぞれ、めいめいに

【解説】パート(5)で語彙問題として出題されたこともありますが、パート(7)の「読解問題」でも使われることがある単語です。日ごろから英文を読んでいるとよく目にする単語です。使い方を覚えると英文を書く際に便利に使えます。

【例文】The American company divided its sales territory between Great Britain and France with two vice presidents given responsibility respectively.

訳：そのアメリカの会社は、販売地域をイギリスとフランスとに分け、2人の副社長がそれぞれ責任を与えられました。

【参考】(1) respectfully　(3) cordially

第 49 問

< quantity >

この単語の、もっとも適切な日本語を選びなさい。

(1) 量

(2) 一部

(3) 平等

第 50 問

< turn around >

この熟語の、もっとも適切な日本語を選びなさい。

(1) 好転させる

(2) 断る

(3) 提出する

第49問の答え　(1) 量

< quantity >

[kwántəti]【名詞】量、数量

【解説】パート(7)の「読解問題」で、品物の発注や受注に関する表を使った問題が出ることがあります。発注表や受注表には「quantity」の欄があることが多いです。パート(4)の「説明文問題」で使われることもあります。

【派】quantitative（形）「量的な」

【類】amount「量」、volume「量」

【例文】The quantity of each item ordered is printed on the invoice.

訳：注文された各品目の数量は請求書に印刷されています。

【参考】(2) portion　(3) equality

第50問の答え　(1) 好転させる

< turn around >

【熟語/慣用表現】好転させる、立て直す、向きを変える

【解説】TOEIC全体がビジネス系の内容にシフトしています。パート(7)の「読解問題」で使われる英文もそうで、そのような英文で turn around という表現が使われることがあります。ビジネス関連の英文では「（会社や業績を）好転させる、立て直す」という意味で使われる場合が大半です。また、再建屋のことを turnaround manager といい、ビジネス系の英文によく出てきます。

【例文】The consultant is helping us turn things around by evaluating our cost efficiency.

訳：そのコンサルタントは当社のコスト効率を診断することで、業績の立て直しを手助けしています。

【参考】(2) turn down　(3) turn in

第51問

< turn down >

この熟語の、もっとも適切な日本語を選びなさい。

(1) 値下げする

(2) 断る

(3) 実行する

第52問

< assets >

この単語の、もっとも適切な日本語を選びなさい。

(1) 資産

(2) 見積もり

(3) 負債

[5章 パート7によく出る単語・熟語] 367

第51問の答え　　　（2）断る

< turn down >

【熟語/慣用表現】断る、(テレビなどの音を)小さくする

【解説】ビジネス関連の英文で使われる際には、「(申し出や提案を)断る」という場合が多く、リーディングセクションパート(7)の「読解問題」で出る場合にはこの意味が多いです。一方、リスニングセクションパート(2)の「応答問題」で使われる場合は、「(音量を)下げる」という全く違う意味で使われることが多いです。

【類】refuse「拒否する」、reject「拒否する」

【例文】The client turned down our proposal because the price was too high.
訳：価格が高すぎるという理由で、その顧客は当社の提案を断りました。

【参考】(1) mark down　(3) carry out

第52問の答え　　　（1）資産

< assets >

[ǽsets]【名詞】資産、財産

【解説】ビジネス必須単語です。主にパート(7)の「読解問題」で出ることの多い単語です。TOEICにはあまり出ませんが、貸借対照表の左側の資産勘定は assets を、右側の負債勘定は liabilities を使います。その関係もあり、業績レポートなど会計関連のレポートには頻繁に出てくる単語です。

【類】property「財産、不動産」、possessions「財産」

【例文】She relies on her financial advisor to manage her assets.
訳：彼女は自分の資産の管理をファイナンシャルアドバイザーに頼っています。

【参考】(2) estimate　(3) liabilities

第 53 問

< utilize >

この単語の、もっとも適切な日本語を選びなさい。

(1) 利用する

(2) 用意する

(3) 合併する

第 54 問

< financial statements >

この単語の、もっとも適切な日本語を選びなさい。

(1) 税収

(2) 損益計算書

(3) 財務諸表

第53問の答え　　　(1) 利用する

< utilize >
[júːtəlàiz]【動詞】利用する、役立たせる

【解説】リスニングセクションではパート(2)やパート(3)、リーディングセクションではパート(7)で使われることがある単語です。
【派】utility（名）「実用性、公共料金」、utilization（名）「利用すること」
【類】make use of「～を利用する」
【例文】The warehouse employees are utilizing a new computer system designed for tracking shipments.
訳：倉庫の従業員は出荷状況を追跡するために設計された新しいコンピューターシステムを利用しています。
【参考】(2) prepare　(3) merge

第54問の答え　　　(3) 財務諸表

< financial statements >
[fənǽnʃl stéitmənts]【名詞】財務諸表

【解説】ビジネス必須単語です。企業のIRレポートの中でも、特に業績関連、会計関連のレポートで頻繁に目にする単語は要注意です。financial statements は balance sheet「貸借対照表」、income statement「損益計算書」、cash flow statement「キャッシュフロー計算書」などを含みます。
【例文】Their financial statements showed an increase in earnings compared to the previous year.
訳：財務諸表によると収益は前年度に比べて増加しました。
【参考】(1) tax revenue　(2) income statement

第 55 問

< deteriorate >

この単語の、もっとも適切な日本語を選びなさい。

(1) 爆発する

(2) 崩壊する

(3) 悪化する

第 56 問

< itinerary >

この単語の、もっとも適切な日本語を選びなさい。

(1) 時刻表

(2) 旅程

(3) 目的地

【5章 パート7によく出る単語・熟語】 371

第 55 問の答え　　（3）悪化する

< deteriorate >

[ditíəriərèit]【動詞】悪化する、劣化する

【解説】「経営が悪化する」「経済状態が悪化する」などのように経済関連の英文で頻繁に使われる単語です。パート(4)の「説明文問題」やパート(7)の「読解問題」などで使われます。
【派】 deterioration（名）「悪化、荒廃」
【類】 worsen「悪化する」
【例文】 The working conditions in the factory have deteriorated.
訳：その工場の労働環境は悪化しました。
【参考】（1）explode　（2）collapse

第 56 問の答え　　（2）旅程

< itinerary >

[aitínərèri]【名詞】旅程、旅程表

【解説】 TOEIC テスト改変前、特に 2003 〜 2004 年ごろまでは現在の TOEIC ほどビジネス寄りの内容ではなかったため、旅行関連の英文やホテルでの掲示物などがよく出ており、旅行の日程表に関する英文もよく出ていました。最近は出題頻度はかなり減りましたが、パート(7)の「読解問題」で旅行の日程表が出ることがあり、この単語も使われます。
【例文】 Our itinerary for the trip includes a stop in Paris.
訳：われわれの旅行日程には、パリでの滞在が含まれています。
【参考】（1）timetable　（3）destination

372

第 57 問

< exempt >

この単語の、もっとも適切な日本語を選びなさい。

(1) 法的責任がある

(2) 同封された

(3) 免除の

第 58 問

< facilitate >

この単語の、もっとも適切な日本語を選びなさい。

(1) 収容する

(2) 容易にする

(3) 繁栄する

第57問の答え　(3) 免除の

< exempt >

[igzémpt]【形容詞】免除の

【解説】exempt は免税関連の英文で使われることが多いです。TOEIC でも、動詞の exempt、名詞の exemption「免除」とともにパート(4)の「説明文問題」や、パート(7)の「読解問題」で時々使われます。

【派】exemption（名）「免除」

【例文】Donations to that charity are exempt from taxes.
訳：その慈善事業への寄付は非課税扱いとなります。

【参考】(1) liable　(2) enclosed

第58問の答え　(2) 容易にする

< facilitate >

[fəsílətèit]【動詞】容易にする、促進する

【解説】ビジネス関連の会話や文書では時々使われる単語です。TOEIC でも主にパート(4)やパート(7)で出ることがあります。会議の司会者のことを facilitator と言います。

【派】facilitation（名）「促進」、facilitator（名）「司会者」

【例文】To facilitate their understanding of the figures, he presented a diagram.
訳：彼らが数値をよく理解できるように、彼は図表を示しました。

【参考】(1) accommodate　(3) thrive

第 59 問

< faculty >

この単語の、もっとも適切な日本語を選びなさい。

(1) 資格

(2) 教職員

(3) 履歴書

第 60 問

< prevail >

この単語の、もっとも適切な日本語を選びなさい。

(1) 続く

(2) 普及する

(3) 予測する

第59問の答え　　（2）教職員

< faculty >
[fǽkəlti]【名詞】教職員、教授陣、学部

【解説】パート(7) の「読解問題」で出ることがある単語です。TOEFL は TOEIC と同じ機関が作成している留学のためのテストであるので、大学に関する単語が出ることも多く、その影響で TOEIC でも TOEFL に出るような英文や単語が使われることがあります。この単語もそうです。

【例文】The faculty of the high school met with their students' parents last Tuesday.
訳：先週火曜日、その高校の教職員が生徒の父母たちと会合をもちました。

【参考】(1) qualifications　(3) resume

第60問の答え　　（2）普及する

< prevail >
[privéil]【動詞】普及する、勝る

【解説】パート(4) の「説明文問題」やパート(7) の「読解問題」で使われることがあります。prevail には、「普及する」という意味だけでなく「勝つ」という意味もありますが、TOEIC に出る場合は「普及する」という意味で出ることが多いです。

【派】prevailing（形）「広く行き渡っている、支配的な」、prevalent（形）「普及している」

【例文】Japanese automobiles are prevailing in foreign markets.
訳：日本車が外国の市場で普及しています。

【参考】(1) last　(3) forecast

第61問

< code >

この単語の、もっとも適切な日本語を選びなさい。

(1) 規範

(2) 法律

(3) 改正

第62問

< bond >

この単語の、もっとも適切な日本語を選びなさい。

(1) 入札

(2) 監査

(3) 債券

【5章 パート7によく出る単語・熟語】 377

第61問の答え　　　(1) 規範

< code >
[kóud]【名詞】規範、規定、記号

【解説】リスニングセクションのパート(2)、(3)、(4)、リーディングセクションのパート(7)で社内や校内での規定について説明をする英文が出ることがあり、そのような問題で使われることが多いです。外資系企業では、すでに半ば日本語のように使われているところも多い単語です。

【例文】The New York law firm established a strict dress code for its lawyers.
訳：ニューヨークにあるその法律事務所は、所属弁護士たちに厳しい服装規定を定めました。

【参考】(2) legislation　(3) revision

第62問の答え　　　(3) 債券

< bond >
[bánd]【名詞】債券

【解説】最近のTOEICはビジネス系の内容にシフトしてきているので、パート(4)の「説明文問題」やパート(7)の「読解問題」では投資関連の話が出ることがあり、そこでstock「株式」、bond「債券」、interest rate「金利」などの単語が並ぶことも多いです。corporate bond「社債」やgovernment bond「国債」が出ることもあります。

【例文】Government bonds tend to be low-risk, low-return investments.
訳：国債は、どちらかと言えばリスクも利益も低い投資商品です。

【参考】(1) bid　(2) audit

第 63 問

< flaw >

この単語の、もっとも適切な日本語を選びなさい。

(1) 欠陥商品の回収

(2) 敗北

(3) 欠陥

第 64 問

< screen >

この単語の、もっとも適切な日本語を選びなさい。

(1) 審査する

(2) 補充する

(3) 公開する

第63問の答え　(3) 欠陥

< flaw >

[flɔ́ː]【名詞】欠陥、欠点

【解説】ビジネス必須単語で、機械や製品などの欠陥を表す場合に使います。TOEICではパート(1)を除く全パートで使われることがあります。覚えておけば仕事で使えます。
【類】defect「欠陥」
【例文】Because there is a flaw in the mechanism of the machine, it does not operate smoothly.
訳：その機械はメカニズムに欠陥があるため、順調に稼動しません。
【参考】(1) recall　(2) defeat

第64問の答え　(1) 審査する

< screen >

[skríːn]【動詞】審査する、ふるいにかける

【解説】リーディングセクションを中心に使われる単語です。過去に、動詞 screen の前に空欄があり、適切な意味の副詞を選ぶ問題が出題されたことがあります。screen の意味がわからなければ選べません。ビジネスでは頻繁に使う単語です。
【派】screening（名）「選考」
【例文】Human resources screened the applicants before they were interviewed by the manager.
訳：マネージャーとの面接に先立って、人事部は応募者の審査をしました。
【参考】(2) refill　(3) reveal

第 65 問

< stimulate >

この単語の、もっとも適切な日本語を選びなさい。

(1) 刺激する

(2) 強調する

(3) 提唱する

第 66 問

< undertake >

この単語の、もっとも適切な日本語を選びなさい。

(1) 経験する

(2) 引き受ける

(3) 過小評価する

【5章 パート7によく出る単語・熟語】 381

第65問の答え　(1) 刺激する

< stimulate >

[stímjəlèit]【動詞】刺激する、促す、元気づける

【解説】stimulate domestic demand「内需を刺激する」、stimulate economies「経済を活性化させる」、stimulate competition「競争を促す」など、経済関連の記事やレポートなどでよく使われる単語です。TOEIC で出題される場合も経済関連の英文で出ることが多いです。

【派】stimulating（形）「刺激的な」、stimulation（名）「刺激」

【例文】Opportunities from overseas have stimulated economic growth throughout Asia.

訳：海外からもたらされたビジネスチャンスが、アジア全域に渡り、経済成長を促しました。

【参考】(2) emphasize　(3) advocate

第66問の答え　(2) 引き受ける

< undertake >

[ʌ̀ndərtéik]【動詞】引き受ける、請け負う、着手する

【解説】undertake は仕事を引き受けたり、請け負ったりするという場合に使う単語です。最近の TOEIC は内容がビジネス系にシフトしているため、この単語が出ることがあります。パート(2)や(3)の会話文や、パート(7)の「読解問題」などで使われることがある単語です。

【派】undertaking（名）「事業」

【例文】The entrepreneur has decided to undertake a new business venture.

訳：その起業家は、新しい投機的事業に着手することを決めました。

【参考】(1) undergo　(3) underestimate

第 67 問

< overwhelmingly >

この単語の、もっとも適切な日本語を選びなさい。

(1) 実際に

(2) 圧倒的に

(3) およそ

第 68 問

< assume >

この単語の、もっとも適切な日本語を選びなさい。

(1) 確認する

(2) 変更する

(3) 想定する

第67問の答え　　（2）圧倒的に

< overwhelmingly >

[òuvərhwélmiŋli]【副詞】圧倒的に、徹底的に

【解説】リーディングセクションを中心に時々使われる単語です。仕事で使う英文やレポートや記事などのように、きちんと書かれた英文を読んでいるとよく出てくる単語です。
【派】overwhelm（動）「圧倒する、苦しめる」
【類】extremely「極端に」
【例文】Our supply shortage is due to the overwhelmingly high demand of our products.
訳：当社の製品が品薄になっているのは、需要が圧倒的に高いためです。
【参考】（1）actually　（3）approximately

第68問の答え　　（3）想定する

< assume >

[əsjú:m]【動詞】想定する

【解説】ビジネスの場面でよく使います。TOEICではパート(7)の「読解問題」で時々使われます。発音が少し難しいので、会話で使う場合には気をつけましょう。使い方を覚えればミーティングやプレゼンテーションで便利に使えます。
【派】assumption（名）「想定」、assumed（形）「仮定した」
【例文】I assumed that you would be out of the office today.
訳：あなたは今日、オフィスにはいないと思っていました。
【参考】（1）confirm　（2）modify

384

第69問

< fringe benefits >

この単語の、もっとも適切な日本語を選びなさい。

(1) 出張旅費

(2) 福利厚生手当

(3) 残業代

第70問

< hostile >

この単語の、もっとも適切な日本語を選びなさい。

(1) 敵対的な

(2) 危険な

(3) 同等の

第69問の答え　（2）福利厚生手当

< fringe benefits >

[frídʒ bènəfits]【名詞】福利厚生手当

【解説】給与以外に社員に与えられる金品や有給休暇などのことで、企業でよく使われる単語です。TOEICでもパート(3)の「会話問題」やパート(4)の「説明文問題」、パート(7)の「読解問題」で時々使われます。転職や採用に関する英文で使われることが多いです。

【例文】She decided to join the company because the fringe benefits for mothers were very good.
訳：子どもを持つ女性に対する福利厚生手当が非常に充実しているので、彼女はその会社に入社することにしました。

【参考】（1）travel expense　（3）overtime compensation

第70問の答え　（1）敵対的な

< hostile >

[hástl]【形容詞】敵対的な、非友好的な

【解説】hostile takeover「敵対的買収」や hostile bidder「敵対入札者」など、M&A がさかんな昨今では経済関連のレポートでもよく目にする単語です。TOEIC でもパート(7)で M&A 関連の英文が出ることがあります。

【派】hostility（名）「敵意」

【例文】Rumors are spreading about a hostile takeover of Alpha Industries.
訳：アルファ産業の敵対的買収に関するうわさが広まっています。

【参考】（2）hazardous　（3）equivalent

第 71 問

< apprentice >

この単語の、もっとも適切な日本語を選びなさい。

(1) 見習

(2) 配管工

(3) 修理工

第 72 問

< prohibit >

この単語の、もっとも適切な日本語を選びなさい。

(1) 妨害する

(2) 検閲する

(3) 禁止する

第71問の答え　(1) 見習

< apprentice >

[əpréntis]【名詞】見習、初心者、徒弟

【解説】難しい単語ですが、パート(7)の「読解問題」で使われることがあります。TOEIC頻出単語ではありませんが、高得点を狙う人は覚えておきましょう。

【例文】After two years as an apprentice carpenter, his boss decided to give him the full pay of a carpenter.
訳：見習い大工として2年間働いたので、親方は彼に正規の大工の賃金を与えることにしました。

【参考】(2) plumber　(3) mechanic

第72問の答え　(3) 禁止する

< prohibit >

[prouhíbət]【動詞】禁止する、妨げる

【解説】「禁止する」という意味の動詞は他にも forbid や ban がありますが、prohibit は、公的（法的）に禁止する場合に使うことが多く、後ろに人が続く場合は、「prohibit + 人 + from + 行為」の形で使います。TOEIC ではパート(4)やパート(7)で使われることがあります。

【派】prohibition（名）「禁止、禁止令」

【類】ban「禁止する」、forbid「禁止する」

【例文】Smoking is prohibited on all international flights.
訳：喫煙はすべての国際線で禁じられています。

【参考】(1) block　(2) censor

第 73 問

< amendment >

この単語の、もっとも適切な日本語を選びなさい。

(1) 修正

(2) 後退

(3) 払い戻し

第 74 問

< logistics >

この単語の、もっとも適切な日本語を選びなさい。

(1) 過程

(2) 物流

(3) 手段

【5章 パート7によく出る単語・熟語】389

第73問の答え　　　（1）修正

< amendment >

[əméndmənt]【名詞】修正、改正

【解説】TOEIC ではパート(4)の「説明文問題」やパート(7)の「読解問題」でも使われることがある単語です。契約の修正、予算の修正、法律の修正など、ビジネスや政治関連の英文でよく使われます。
【派】amend（動）「修正する」、amendable（形）「修正可能な」
【類】correction「訂正」、alteration「修正」
【例文】An amendment was made to the food and drug law.
訳：食品と医薬品に関する法律が修正されました。
【参考】(2) setback　(3) refund

第74問の答え　　　（2）物流

< logistics >

[loudʒístiks]【名詞】物流、事業計画の詳細

【解説】マーケティングでよく使う単語です。TOEIC ではパート(7)の「読解問題」で使われることがあります。「ロジスティックス戦略」などのように半分日本語のように使っている企業もあります。戦争関連の英文では「後方支援」という意味で使われますが、TOEIC に出ることは少ないです。
【例文】We need to consider the logistics of opening a new factory.
訳：われわれは新工場を開設するにあたって、物流について考慮する必要があります。
【参考】(1) process　(3) means

自作解説

新TOEICテスト1日1分DSレッスン
2008年10月発売

このDSには、今までの著書『1日1分レッスン！TOEIC Test』の他、『1週間でやりとげるリスニング』『リーディングの鉄則』で使用した問題の他にも、多くの問題を新たに作成し加えました。

パート（3）では先読み練習ができるように、「先読み」機能もつけています。

このDSの一番の売りは、パート（5）の問題の多さと1000単語です。

パート（5）は単に問題数が多いというだけでなく、頻出問題を集めています。さらに問題を「短い英文」「中くらいの英文」「長い英文」の3つに分け、ゲーム感覚で遊びたい時は「短い英文問題」を、本格的に読解力もつけながら真面目に問題に取り組みたい時は「長い英文問題」を、と使い分けられるように、著書に使用した問題や新たに作成した問題の英文の長さを短くしたり、長くしたりとひと手間加えました。

1000単語も、実際にTOEICによく出る単語だけを取り

自作解説

上げているので、単語数は1000ですが効果は大きいはずです。「単語本」と同じように選択式にしました。

間違いの選択肢にも、よく出る単語、他で正答として扱った単語を入れ、繰り返し目にすることで単語が自然に頭に入るように工夫をしています。ちょっとした空き時間にゲーム感覚で取り組めるのではないかと思います。『英単語、これだけ』の330単語も、本書『セカンド・ステージ』に掲載の360単語も、この1000単語の中に含まれています。

また、付録として、祥伝社の文庫『1日1分レッスン! TOEIC Test ステップアップ編』と『1日1分レッスン! TOEIC Test 英単語、これだけ』の2冊もつけました。「1日1分」というタイトルの通り、1分を過ぎると消えるモードも使えます。1分間に何問解けるか、という本番さながらの時間との戦いで解くモードです。もちろん、このモードは使わなくても構いません。本編での問題数も多く、さらに2冊の文庫がそのまま入って2940円なので、お得感もあると思います。

本とDSでは使い方が違います。それぞれの用途に合わせて、両方を使い分けていただけるとうれしいです。

ご案内

中村澄子先生の
「緑本」が、
DSソフトで遂に登場！

最も効率良く、
点数アップを狙えます。

好評発売中!!

希望小売価格 2,940円(税込)

- **中村澄子先生のベストセラーを完全収録**
  本当に必要な内容だけを徹底トレーニング。無駄な時間はとらせません！

- **充実のトレーニングモード**
  リスニング・リーディングのパート別や、単語・熟語を反復トレーニング！

- **1日1分レッスンモード（解説付き）**
  頻度の高い単語を1日1分レッスン！目標点数別（スコア400点～900点）の重要問題を1日1分レッスン！

- **1週間集中プログラムで試験直前の短期トレーニング**
  試験日を設定すると、自動的に1週間の学習内容がプログラムされます！

- **実力テストモード**
  実力テストでトレーニングの成果を試すことができます。あなたの実力は？

詳細情報はホームページで、、、http://www.rocketcompany.co.jp/toeic/
製品内容及びパッケージデザインの仕様は予告なく変更することがございます。

TOEIC is a registered trademark of Educational Testing Service (ETS).
This product is not endorsed or approved by ETS.
©Nakamura Sumiko 2008 / © 2008 fonfun corporation / © 2008 Rocket Co., Ltd.

NINTENDO DS・ニンテンドーDSは任天堂の登録商標です。

あとがき

オフィス S&Y の今と今後

おかげさまで私が主宰している TOEIC の教室は、募集後2〜3日でどのクラスも満席になり、常時キャンセル待ちの方がいる状態です。

この1年は特に、締切後の「○○点を、数か月で出さなくてはならなくなりました。どうにか席を空けてもらえませんか？」「途中からでも入れてもらえませんか？」というメールが多かったです。途中から入ることはできないので残念ながら、お断りせざるをえませんでした。

最近は会社が突然高得点を課してくる、今までは大目にみてくれたのに厳しく言われ始めた、というケースが増えているように思います。

現在はビジネスマンの早帰り日である水曜の夕方と、土曜の午前と午後の3クラスですが、キャンセル待ちの方が多いので、来年（2009年）からは木曜日の夕方にもクラスを開こうかと考えています。

TOEIC クラス修了者からのリクエストにより始めたネイティブ講師による「ビジネスライティング」と「ビジネ

スディスカッションクラス」も好評なので、来年も続けるつもりです。

ケネス先生が年に1～2度開催する「ディベート」のクラスは同じメンバーの繰り返し予約で半分以上の席が埋まっていて、入りにくい状態です。

単発のセミナーも、今年は東京でリーディングセミナーを4回、リスニングセミナーを3回、名古屋でそれぞれ1回ずつ、大阪でリーディングセミナーを1回と、過去最多の開催数でした。来年は家庭の事情で今年ほどは開けませんが、前半には数回開催する予定です。

来年は、教室に力を入れるため、本の執筆のペースは少し落としますが、すでに話が決まっている本が数冊あります。今後も受験者の役に立つ本を書いていければと思っています。

短期間で点数を出さなければならないビジネスマン、ビジネスウーマンの「かけこみ寺」と化した「すみれ塾」ですが、来年も困っているビジネスマン、ビジネスウーマンを中心に多くのTOEIC受験者の期待にこたえるべく頑張ります。今後も「すみれ塾」を応援してください。

索引 INDEX

本書で取り上げた単語・熟語を、アルファベット順に並べました。チェック欄も利用して、学習のまとめ・単語の総整理などにお使いください。

〈単語別〉

A
- [ ] a fraction of 281
- [ ] a pile of 27
- [ ] a wide range of 287
- [ ] accommodation 331
- [ ] accomplish 193
- [ ] according to 201
- [ ] accumulate 91
- [ ] acquaintance 85
- [ ] acquire 151
- [ ] acting 311
- [ ] address 147
- [ ] adequately 277
- [ ] adhere to 295
- [ ] adjacent 341
- [ ] administration 279
- [ ] admission 111
- [ ] affect 179
- [ ] affluent 325
- [ ] aid 87
- [ ] ailing 351
- [ ] airfare 81
- [ ] alternative 213
- [ ] amendment 389
- [ ] amount 89
- [ ] appear to 169
- [ ] apply 47
- [ ] apprentice 387
- [ ] approximately 199
- [ ] assessment 345
- [ ] assets 367
- [ ] assume 383

- [ ] assure 203
- [ ] at the cost of 263
- [ ] attach 321
- [ ] audience 21

B
- [ ] backlog 73
- [ ] balance 171
- [ ] barely 267
- [ ] be committed to 233
- [ ] be filled with 27
- [ ] be in charge of 51
- [ ] be likely to 243
- [ ] be poised to 287
- [ ] be satisfied with 235
- [ ] be short of 247
- [ ] bear 157
- [ ] beforehand 307
- [ ] behind schedule 265
- [ ] belongings 67
- [ ] beverage 359
- [ ] bill 49
- [ ] bond 377
- [ ] book 57
- [ ] boost 173
- [ ] bound for 141

- [ ] brand 211
- [ ] bulletin board 339
- [ ] burden 155
- [ ] business performance 325

C
- [ ] candidate 349
- [ ] carry out 101
- [ ] cashier 151
- [ ] chair 63
- [ ] challenge 285
- [ ] challenging 223
- [ ] charge 39
- [ ] checkup 89
- [ ] clarify 269
- [ ] classify 115
- [ ] clause 353
- [ ] clue 125
- [ ] code 377
- [ ] collapse 353
- [ ] comfortable 289
- [ ] commemorate 149
- [ ] commence 297
- [ ] committee 213
- [ ] comparable 265
- [ ] compensate 255

- ☐ compensation 245
- ☐ competent 237
- ☐ competitive 253
- ☐ competitor 143
- ☐ complicated 177
- ☐ complimentary 157
- ☐ comply 237
- ☐ concerning 227
- ☐ concisely 359
- ☐ confidential 57
- ☐ conflict 165
- ☐ confront 185
- ☐ conservation 209
- ☐ consider 207
- ☐ consistent 269
- ☐ container 17
- ☐ content 179
- ☐ contract 43
- ☐ contrary 169
- ☐ convene 273
- ☐ convention 71
- ☐ convince 103
- ☐ cooperation 175
- ☐ critic 261
- ☐ cultivate 291
- ☐ currently 205

- ☐ customer 59
- ☐ custom 277

D
- ☐ define 349
- ☐ degree 133
- ☐ deliberately 271
- ☐ delighted 135
- ☐ dependable 93
- ☐ deposit 55
- ☐ detailed 219
- ☐ deteriorate 371
- ☐ detour 305
- ☐ diagnosis 119
- ☐ disturb 285
- ☐ diversify 351
- ☐ dividend 337
- ☐ donation 333
- ☐ draft 65
- ☐ drawer 15
- ☐ due 39
- ☐ duplicate 301

E
- ☐ editor 317
- ☐ electrical appliance 345

- [ ] enforce 257
- [ ] enhance 261
- [ ] entrepreneur 363
- [ ] estimate 41
- [ ] evaluation form 267
- [ ] exceptional 275
- [ ] exclusive 207
- [ ] exempt 373
- [ ] exhibition 61
- [ ] expiration date 221
- [ ] explore 77
- [ ] expose 127
- [ ] extensive 205

F
- [ ] face to face 25
- [ ] facilitate 373
- [ ] faculty 375
- [ ] feel free to 69
- [ ] fill in 79
- [ ] financial statements 369
- [ ] findings 123
- [ ] fix 73
- [ ] flaw 379
- [ ] fragile 347
- [ ] fringe benefits 385

- [ ] fund 143

G
- [ ] gain 327
- [ ] gathering 95
- [ ] generate 171
- [ ] give a hand 63
- [ ] give a ride 81
- [ ] glance 93
- [ ] grab 105
- [ ] grateful 241
- [ ] gratitude 247

H
- [ ] hand out 77
- [ ] harsh 275
- [ ] hostile 385
- [ ] human resources 323

I
- [ ] identification 75
- [ ] immediately 235
- [ ] imply 319
- [ ] improve 137
- [ ] in a row 19
- [ ] in advance 257

- [ ] in honor of 153
- [ ] in progress 299
- [ ] in the event of 107
- [ ] incentive 201
- [ ] incident 189
- [ ] income 67
- [ ] indicate 323
- [ ] ingredient 281
- [ ] insist 75
- [ ] inspection 91
- [ ] inspect 115
- [ ] inspiring 251
- [ ] install 271
- [ ] instead of 263
- [ ] instrument 25
- [ ] insurance policy 183
- [ ] intense 181
- [ ] interrupt 249
- [ ] investigation 159
- [ ] investment 139
- [ ] involve 219
- [ ] issue 199
- [ ] item 13
- [ ] itinerary 371

J
- [ ] job interview 55
- [ ] job opening 85
- [ ] journal 361

L
- [ ] labor union 187
- [ ] laboratory 43
- [ ] ladder 19
- [ ] launch 113
- [ ] liabilities 335
- [ ] liable 229
- [ ] logistics 389
- [ ] look up 65

M
- [ ] majority 251
- [ ] make a contribution 231
- [ ] make up for 109
- [ ] managerial 309
- [ ] mandate 283
- [ ] mandatory 293
- [ ] manner 221
- [ ] mark down 121
- [ ] medication 165
- [ ] mention 69

- [ ] mind 53
- [ ] minutes 361
- [ ] mover 125
- [ ] mutual fund 343

N
- [ ] native 215
- [ ] neglect 187
- [ ] negotiate 139
- [ ] nominate 255

O
- [ ] objective 147
- [ ] obligation 339
- [ ] obtain 127
- [ ] occupation 83
- [ ] on average 259
- [ ] out of service 183
- [ ] outcome 357
- [ ] outlook 337
- [ ] oversee 159
- [ ] overwhelmingly 383

P
- [ ] parking lot 23
- [ ] participant 149
- [ ] pass through 305
- [ ] patient 101
- [ ] perceive 355
- [ ] perception 279
- [ ] physician 83
- [ ] pick up 51
- [ ] pleased 145
- [ ] plug 117
- [ ] plumber 97
- [ ] position 47
- [ ] possess 161
- [ ] postpone 79
- [ ] pour 31
- [ ] precaution 299
- [ ] precisely 259
- [ ] premise 301
- [ ] prevail 375
- [ ] previous 167
- [ ] prize 153
- [ ] produce 33
- [ ] prohibit 387
- [ ] promising 209
- [ ] promote 45
- [ ] prospective 181
- [ ] provided 293
- [ ] provide 45

Q
- [ ] quantity 365
- [ ] questionnaire 355
- [ ] quit 59

R
- [ ] railing 15
- [ ] reasonable 71
- [ ] recipient 341
- [ ] recognition 307
- [ ] recommendation 333
- [ ] reduce 99
- [ ] reduction 161
- [ ] refer to 191
- [ ] reference 331
- [ ] reflect 29
- [ ] refrain from 177
- [ ] refuel 21
- [ ] regarding 203
- [ ] registration 109
- [ ] regretful 145
- [ ] release 141
- [ ] relevant 343
- [ ] reliable 49
- [ ] relieved 107
- [ ] relocate 123
- [ ] remainder 309
- [ ] remark 163
- [ ] remedy 303
- [ ] reminder 95
- [ ] renovate 113
- [ ] reorganize 295
- [ ] reputation 239
- [ ] requirement 135
- [ ] reside 273
- [ ] respectively 363
- [ ] responsibility 175
- [ ] restore 163
- [ ] revenue 249
- [ ] review 231
- [ ] revision 41
- [ ] routinely 225
- [ ] rural 347

S
- [ ] sales representative 225
- [ ] scissors 117
- [ ] screen 379
- [ ] securities 155
- [ ] serial 303
- [ ] settle 167
- [ ] shareholder 335

- [ ] shortly 289
- [ ] side by side 23
- [ ] significant 357
- [ ] sink 119
- [ ] skilled 233
- [ ] solution 103
- [ ] sort 29
- [ ] spectator 137
- [ ] stairs 17
- [ ] statistics 61
- [ ] steps 33
- [ ] stimulate 381
- [ ] stock exchange 329
- [ ] stopover 185
- [ ] stress 327
- [ ] struggle 189
- [ ] subscribe 317
- [ ] substantial 245
- [ ] sufficiently 211
- [ ] surplus 329
- [ ] suspect 191
- [ ] suspend 111

T
- [ ] take effect 283
- [ ] take measures 229
- [ ] take over 121
- [ ] terminate 297
- [ ] terms 241
- [ ] thoroughly 253
- [ ] tool 291
- [ ] tow 31
- [ ] traffic congestion 99
- [ ] turn down 367
- [ ] turn around 365

U
- [ ] unbearably 217
- [ ] undertake 381
- [ ] unique 217
- [ ] unit 105
- [ ] update 53
- [ ] urgent 87
- [ ] utilize 369

V
- [ ] vacant 97
- [ ] valuable 215
- [ ] vehicle 13
- [ ] view 173
- [ ] voluntary 243

W
- wage 223
- warning 321
- wholesaler 319
- worsen 133
- worthwhile 239
- worth 227

1日1分レッスン！ 新TOEIC Test 英単語、これだけ セカンド・ステージ

一〇〇字書評

切り取り線

購買動機（新聞、雑誌名を記入するか、あるいは○をつけてください）

- □ （　　　　　　　　　　　　　）の広告を見て
- □ （　　　　　　　　　　　　　）の書評を見て
- □ 知人のすすめで　　　　□ タイトルに惹かれて
- □ カバーがよかったから　□ 内容が面白そうだから
- □ 好きな作家だから　　　□ 好きな分野の本だから

●最近、最も感銘を受けた作品名をお書きください

●あなたのお好きな作家名をお書きください

●その他、ご要望がありましたらお書きください

住所	〒				
氏名		職業		年齢	
新刊情報等のパソコンメール配信を 希望する・しない	Eメール				

※携帯には配信できません

あなたにお願い

この本の感想を、編集部までお寄せいただけたらありがたく存じます。今後の企画の参考にさせていただきます。Eメールでも結構です。

いただいた「一〇〇字書評」は、新聞・雑誌等に紹介させていただくことがあります。その場合はお礼として特製図書カードを差し上げます。

前ページの原稿用紙に書評をお書きの上、切り取り、左記までお送り下さい。宛先の住所は不要です。

なお、ご記入いただいたお名前、ご住所等は、書評紹介の事前了解、謝礼のお届けのためだけに利用し、そのほかの目的のために利用することはありません。

〒一〇一―八七〇一
祥伝社黄金文庫編集長　萩原貞臣
☎〇三（三二六五）二〇八〇
ohgon@shodensha.co.jp
祥伝社ホームページからも、書けるようになりました。
http://www.shodensha.co.jp/

祥伝社黄金文庫　創刊のことば

「小さくとも輝く知性」――祥伝社黄金文庫はいつの時代にあっても、きらりと光る個性を主張していきます。

真に人間的な価値とは何か、を求めるノン・ブックシリーズの子どもとしてスタートした祥伝社文庫ノンフィクションは、創刊15年を機に、祥伝社黄金文庫として新たな出発をいたします。「豊かで深い知恵と勇気」「大いなる人生の楽しみ」を追求するのが新シリーズの目的です。小さい身なりでも堂々と前進していきます。

黄金文庫をご愛読いただき、ご意見ご希望を編集部までお寄せくださいますよう、お願いいたします。

平成12年(2000年)2月1日　　　　祥伝社黄金文庫　編集部

1日1分レッスン！　新TOEIC Test 英単語、これだけ セカンド・ステージ

平成20年12月20日　初版第1刷発行

著　者	中　村　澄　子
発行者	深　澤　健　一
発行所	祥　伝　社

東京都千代田区神田神保町3-6-5
九段尚学ビル　〒101-8701
☎ 03 (3265) 2081 (販売部)
☎ 03 (3265) 2080 (編集部)
☎ 03 (3265) 3622 (業務部)

印刷所	萩　原　印　刷
製本所	明　泉　堂

造本には十分注意しておりますが、万一、落丁、乱丁などの不良品がありましたら、「業務部」あてにお送り下さい。送料小社負担にてお取り替えいたします。

Printed in Japan
©2008, Sumiko Nakamura
ISBN978-4-396-31470-5　C0182
祥伝社のホームページ・http://www.shodensha.co.jp/

音声版ダウンロードについて

　ネイティブスピーカーが本書を1冊丸ごと朗読した、音声ファイルをご用意しました。リスニング対策に最適です。パソコンやMP3プレーヤーで繰り返しお聞きになって、「英語の耳」を鍛えてください。

　音声ファイルはオーディオブック配信サイト『FeBe』http://www.febe.jp/ よりダウンロードすることができます。

《ご注意事項》

　本サービスは、株式会社オトバンクが運営するオーディオブック配信サイト『FeBe』の協力により行っております。音声ファイルのダウンロードには『FeBe』での会員登録(*)が必要となります。会員登録に関するご質問、音声ファイルのダウンロードに関するご質問に関しましては、株式会社オトバンクFeBe運営事務局（03-3556-4266）までお問い合わせください。

　なお、株式会社オトバンクの都合でファイルのダウンロードサービスが予告なく停止、ないし中止される場合がありますのでご了承ください。

(*) 著作権保護のため、会員登録にはクレジットカード情報の入力が必要です。

株式会社オトバンク　http://www.otobank.co.jp/
オーディオブック配信サイト『FeBe』　http://www.febe.jp/
FeBe運営事務局　電話番号 03-3556-4266

ナレーション　佐川ケネス
ハワイ出身の日系3世。バークレー大学大学院で日本政治史を専攻した後、同大学博士課程にすすむ。博士論文執筆のため、来日。日米会話学院で30年、某有名女子大学で25年の長きにわたり教鞭をとる。執筆も多数。